CONEXÃO FEPAL

Blucher

CONEXÃO FEPAL

Organizadora

Adriana Pontelli

Conexão Fepal

Série Fepal: psicanálise latino-americana
Coordenadora científica Marina Massi

Publisher Edgard Blücher
Editor Eduardo Blücher
Coordenação editorial Rafael Fulanetti
Coordenação de produção Andressa Lira
Produção editorial Quirino Edições
Diagramação Joyce Gama Rosa
Capa Laércio Flenic
Colaboração Leo Mangiavacchi (designer – Fepal)
Arte Adriano Mangiavacchi (14/05/1941), *Memoria urbana n°16 (1994)*, 90 x 90 cm, Técnica Mixta

Blucher

Rua Pedroso Alvarenga, 1245, 4º andar
04531-934 – São Paulo – SP – Brasil
Tel.: 55 11 3078-5366
contato@blucher.com.br
www.blucher.com.br

Segundo o Novo Acordo Ortográfico, conforme 6. ed. do *Vocabulário Ortográfico da Língua Portuguesa*, Academia Brasileira de Letras, julho de 2021.

Dados Internacionais de Catalogação na Publicação (CIP)
Angélica Ilacqua CRB-8/7057

Conexão Fepal / organizado por Adriana Pontelli. - São Paulo : Blucher, 2024.
256 p. (Série Fepal / coordenadora Marina Massi)

Bibliografia
ISBN 978-85-212-2233-0

1. Psicanálise 2. Racismo 3. Sexualidade 4. Migração I. Pontelli, Adriana II. Massi, Marina III. Federação Psicanalítica da América Latina IV. Serie

24-4070 CDD 150.195

Índice para catálogo sistemático:
1. Psicanálise

Sobre a série

O projeto da Série Fepal é fruto de dois anos de trabalho como Coordenadora Científica da Fepal, durante a gestão 2022-2024, presidida por Wania Maria Coelho Ferreira Cidade.

A integração dos colegas e a produção latino-americana foram alguns dos marcos norteadores das atividades da equipe da Coordenação Científica. São pontos de encontro no *trabalho coletivo* que potencializa e abre horizontes para uma produção viva e criativa, capaz de enriquecer teoricamente, tecnicamente e clinicamente a Psicanálise.

No programa inicial da Coordenação Científica da Fepal (2022-2024), um dos objetivos principais era a função articuladora e agregadora entre as diversas áreas da Fepal, promovendo um diálogo permanente entre seus membros e entre os diversos projetos que vinham sendo realizados e os que se iniciaram em nossa gestão.

O objetivo era de integração, respeitando a criatividade, a diversidade e a autonomia, no âmbito interno das comissões de trabalho vinculadas com a Coordenação Científica: Comissão de Formação e Transmissão da Psicanálise, Comissão de Investigação, Comissão de

Casal e Família, Comissão de *Working Parties* e o Grupo de Estudos de Psicossomática.

Desse modo a Série Fepal nasce, para além das comissões da Coordenação Científica, da integração e da parceria com outras diretorias, e pretende ser um veículo de expressão e difusão dos trabalhos produzidos no âmbito da instituição Fepal.

Os cinco livros que dão início à Série Fepal vêm completos de história de trabalho e dedicação de muitos colegas psicanalistas implicados com uma compreensão mais profunda sobre as questões de desamparo, étnicas, sociais, de gênero e ambientais de nosso continente.

Compartilhamos da necessidade de, como psicanalistas, conhecer o mundo ao qual pertencemos para que possamos, de forma mais encarnada, colaborar com nossos pacientes, com os casais e famílias, com o trabalho em instituições, comunidades, grupos, e desenvolver a escuta analítica que é o nosso ofício e arte.

Meus profundos agradecimentos para todos que tornaram viável a realização deste projeto editorial.

Marina Massi
Coordenadora científica da Série Fepal

Conteúdo

Perspectivas

CONEXÃO

CONEXÃO
#27
#28
CONEXÃO
#29
Março 2023
MULHERES
MIGRAÇÕES
RACISMO
DIVERSAS CONFIGURAÇÕES
SEXUAIS E DE GÊNERO

Introdução

Conexão Fepal 2023 foi desenvolvido pela Diretoria de Publicações (gestão 2022 - 2024) como um projeto editorial virtual, com base em um boletim informativo já existente e com o mesmo nome, que decidimos manter, e continuando com a numeração, mesmo que esta publicação foi tomando um rumo diferente do que teve nas duas gestões anteriores.

Na árdua tarefa de divulgar notícias sobre eventos futuros, bem como de projetos e atividades realizados pelas diferentes áreas da Fepal, nos deparamos com situações que mereciam ser recuperadas da velocidade e da fugacidade, próprias das notícias, a fim de dar-lhes o espaço e o tempo necessários para pensar sobre elas. O desafio editorial foi o de estabelecer uma conexão com os acontecimentos políticos, sociais e culturais, incentivando sua leitura desde a óptica da psicanálise.

Assim, o que acontecera no Peru, no final de 2022, e no Brasil, em 8 de janeiro de 2023, levaram-nos a conceber o título *Democracias latino-americanas ameaçadas* para a primeira revista. Coincidentemente, a edição especial de dezembro de 2023, intitulada *Reflexões sobre a Paz*, foi marcada também por atos de violência, naquela ocasião em decorrência dos ataques terroristas do Hamas contra civis israelenses em outubro daquele ano, e da consequente resposta do governo de Israel. Em março do mesmo ano publicamos *Mulheres*, oferecendo algumas reflexões sobre uma época fortemente marcada por suas lutas. Com a mesma lógica de dar relevância aos fenômenos sociais e políticos atuais, que envolvem significativo sofrimento individual e coletivo, foram publicadas as edições "*Migrações*", "*Racismo*" e "*Diversas configurações sexuais e de gênero*" – em consonância com os eixos propostos pela Coordenação Científica desta gestão.

Os textos de cada *Conexão Fepal* são ensaios curtos que, devido ao seu desenvolvimento conciso, visam focalizar uma ideia ou tema-chave, com o objetivo de iniciar um questionamento, estabelecer um debate sobre um tópico e convocar o desejo de continuar investigando. Na seção principal, *Perspectivas*, reunimos diferentes pontos de vista de psicanalistas pertencentes às três regiões da Fepal: norte, centro e sul. Para estimular uma reflexão genuína, consideramos fundamental a circulação de diferentes pensamentos, provenientes não apenas do âmbito da psicanálise, mas também de outros campos do saber. Por esse motivo, achamos oportuno criar a seção *Interseções*, a fim de divulgar contribuições de autores de outras disciplinas, como filosofia, literatura, antropologia, comunicação social e artes visuais. Esta última especialidade está presente na capa de cada número, onde assomam-se obras de diferentes artistas da América Latina. Temos escolhido essas criações, como um conteúdo a mais que dialoga com as produções escritas dos outros autores.

Conversações é uma seção onde acontece uma mudança da leitura para a audição. Com efeito, publicamos ali, em formato de vídeo, entrevistas realizadas com os membros do atual Conselho Diretor da Fepal, que, em diálogo íntimo, apresentam sua trajetória profissional e institucional, bem como as linhas de trabalho em seu papel e função.

Como a ideia deste projeto editorial é propor um tema e colocá-lo em prática, trazendo ideias e questionamentos de referentes da psicanálise latino-americana, tivemos a ideia de que também poderíamos sugerir algumas leituras. Essa é a origem da seção *Marcadores de Calibán*, onde a equipe editorial dessa Revista Latino-americana de Psicanálise apresenta um levantamento exaustivo de todas as edições de Calibán, apontando os artigos relacionados ao tema abordado em cada número.

Conexão Fepal 2023 foi um projeto editorial que nasceu do desejo da Equipe de Publicações de pôr em execução uma função que está em seu nome, ou seja, publicar, não apenas como instância de divulgação de notícias, mas também como campo de produção de conteúdo para a transmissão da psicanálise.

Considero importante mencionar o entusiasmo dos membros desta equipe, que sustentou o desejo inicial ao longo do tempo. Mas esta revista não teria sido possível sem a valiosa contribuição dos autores e a generosa colaboração dos artistas. Por isso, expresso minha gratidão a cada um deles. Além disso, gostaria de reconhecer o cuidadoso trabalho de tradução e revisão de Walter Eduardo Lisboa, e a criatividade incorporada no layout e no design de Leo Mangiavacchi. Por fim, agradeço a Marina Massi, Coordenadora Científica da Fepal, pela tarefa compartilhada de articulação teórica e por tornar possível que esta série de revistas, concebida em formato digital, se materialize em papel e circule como objeto-livro.

Adriana Pontelli

Diretora de Publicações da Fepal (2022-2024)

CONEXÃO

#27

Janeiro 2023

DEMOCRACIAS LATINO-AMERICANAS AMEAÇADAS

Equipe editorial
Adriana Pontelli Diretora de Publicações da Fepal
Psicanalista da Associação Psicanalítica de Córdoba (APC)

Alicia Ángeles Ramírez
Analista em formação da Sociedade Peruana de Psicanálise (SPP)

Ana Valeska Maia Magalhães
Analista em formação da Sociedade Psicanalítica de Fortaleza (SPFOR)

Carolina García Editor-chefe da Calibán
Psicanalista da Associação Psicanalítica de Uruguai (APU)

Lúcia Palazzo Diretora Suplente de Publicações da Fepal
Psicanalista da Sociedade Brasileira de Psicanálise do Rio de Janeiro (SBPRJ)

Marina Massi Coordenadora Científica da Fepal
Psicanalista da Sociedade de Psicanálise de São Paulo (SBPSP)

Natalia Mudarra
Psicanalista da Associação Panamenha de Psicanálise (APAP)

Ximena Méndez
Analista em formação da Associação Psicanalítica de Uruguai (APU)

Walter Eduardo Lisboa Tradutor

Leo Mangiavacchi Designer gráfico / Diagramador

Imagem da capa Postos Opostos #1, de Cadeh Juaçaba* (fotografia ano 2021).
* Cadeh Juaçaba, nascido em Fortaleza, Brasil, é artista visual e formado em Publicidade. Escultura, pintura e fotografia são as linguagens escolhidas por este autor para explorar as relações dos símbolos nacionais com a identidade, a pertença e a memória. A sua exposição "Eles não sabem as armas que têm", chegou a Lisboa em 2019. Além disso, seu trabalho foi várias vezes capa da revista O povo.

EDITORIAL

1. Democracias vulneradas

Adriana Pontelli

O novo ano nos encontrou com o ânimo abalado pelos complexos acontecimentos políticos e sociais que vêm assolando alguns países da América Latina; ao mesmo tempo, na Equipe de Publicações da Fepal, amadureceu – não sem uma significativa dose de audácia – o desejo de transformar o boletim informativo *Conexão Fepal* em um projeto editorial virtual. Essa convergência de circunstâncias nos levou a propor uma publicação como espaço de circulação de ideias, que oferecesse a possibilidade de atravessar a indignação como cidadãos e sair da perplexidade, para pensar, a partir da psicanálise, as dinâmicas que se repetem nesses fenômenos sociais. Por essa razão, escolhemos para a primeira edição o título *Democracias latino-americanas ameaçadas*, em consonância com a Declaração da IPA: *Ataques brutais à democracia em todo o mundo.*

Na capa, a obra Postos Opostos #1, de Cadeh Juaçaba, acompanha o espírito desta edição. Este artista visual brasileiro, por meio dessa fotografia, manifesta sua intenção de questionar e provocar reflexões. A composição de bandeiras feitas de latão, como telas que ondulam em direções opostas, representa a polaridade, um dos sintomas sociais que padece seu país.

Três psicanalistas – de Brasil, Peru e Colômbia – foram convidados a escrever na seção *Perspectivas*, a fim de compartilhar suas visões sobre os conflitos políticos e sociais em seus países. Em uma crônica detalhada intitulada *A Nuvem do Golpe*, Ana Valeska Maia Magalhães comenta os fatos ocorridos no dia 8 de janeiro em Brasília, quando milhares de bolsonaristas, rejeitando os resultados das eleições presidenciais, invadiram a Praça dos Três Poderes. A autora analisa como "o porta-voz do delírio negacionista apresenta-se como um pai ungido pelo divino, que não teme a lei. E os filhos, empoderados pela chancela da autoridade paranoide distanciam-se da realidade, acreditando que tudo podem". De outra região sul-americana, a psicanalista peruana María Luisa Silva fala sobre o mal-estar vivido em seu país. Em seu artigo *Democracia à deriva*, ela aponta que "uma severa crise – onde o desgoverno, o tribalismo, o fanatismo do pensamento único e o ataque à alteridade dominam o cenário social e político –, nos coloca não apenas diante de uma democracia ameaçada, mas diante da impossibilidade de sentir sequer que somos compatriotas". O denominador comum dessas crises mencionado pelas autoras é a desestabilização de uma ordem constitucional. No entanto, no âmago desse sistema de governo, as violências de uma desigualdade social formalizada também podem permanecer estáveis e naturalizadas. É o que nos adverte Fernando Orduz ao comentar a situação na Colômbia em seu artigo *Democracias latino-americanas ameaçadas*. "Sob o manto da chamada democracia mais antiga do continente, esconde-se uma dinâmica social baseada em um fratricídio feroz que não cessa em seu horrível derramamento de sangue".

A atual presidente da Fepal, Wania Cidade, inaugura a seção *Conversações*. Em um agradável diálogo com Ximena Méndez, ela reflete sobre os momentos dramáticos que a América Latina vive devido à escalada da violência causada pelas desigualdades propiciadas pelo autoritarismo dos governos. A entrevistada propõe que as instituições psicanalíticas ofereçam oportunidades de formação àqueles que não dispõem de recursos financeiros.

Esperamos que esta iniciativa seja benéfica para cada um de nossos leitores.

PERSPECTIVAS

2. A nuvem do golpe

Ana Valeska Maia Magalhães

A previsão meteorológica para o domingo, dia 08 de janeiro de 2023, em Brasília, anunciava que o dia seria nublado.

De fato, a paleta do céu amanheceu cinza chumbo. Mas o peso do clima se evidenciou à tarde, quando, em marcha resoluta, milhares de bolsonaristas invadiram a Praça dos Três Poderes. Vistos à distância, seus corpos miúdos tingiram de verde e amarelo o espaço. Rapidamente ocuparam rampas e lajes, poluindo a icônica arquitetura de Oscar Niemeyer. Tal como uma nuvem de gafanhotos que atacam uma lavoura com voracidade, os vândalos passaram à parte interna dos edifícios do Palácio do Planalto, do Congresso Nacional e do Supremo Tribunal Federal para destruir o que encontrassem pela frente: arrancaram portas, quebraram janelas, despedaçaram objetos históricos, esfaquearam pinturas, picharam esculturas, rasgaram documentos. Nem o brasão da república escapou da violência da turba. O objetivo era o de materializar o plano golpista de destituir o poder recém estabelecido pelas regras democráticas, e instaurar uma ditadura no país.

Pode parecer inverossímil, mas o caos tem suas estratégias. Na atualidade a mente caótica domina uma linguagem altamente funcional dos algoritmos e organiza-se com o domínio das ferramentas tecnológicas da era digital, alimentando bolhas conspiratórias recheadas de mentiras. Psiquicamente, o apelo alcança o âmago das fragilidades mapeadas. Um cenário de ameaça constante é engendrado no subsolo das nuvens na internet. O porta-voz do delírio negacionista apresenta-se como um pai ungido pelo divino, que não teme a lei. E os filhos, empoderados pela chancela da autoridade paranoide distanciam-se da realidade, acreditando que tudo podem.

Acatar o resultado das eleições é o que se espera no pacto civilizatório. Negar a derrota é minar a possibilidade de convivência democrática. Esse desafio de sustentar a democracia se faz urgente, sobretudo nas frágeis democracias na América Latina, forjadas no que persiste de ranço colonialista, hierárquico e racista. No Brasil, a Constituição Federal consagra a dignidade da pessoa humana e o pluralismo político, e pretende promover o bem de todos, tendo como uma de suas metas erradicar a pobreza e a marginalização. Dentro do histórico de injustiças sociais que nos marcaram como povo, a efetivação desses objetivos demanda uma série de mudanças estruturais que não se farão sem o amadurecimento de uma sociedade que se responsabilize pela manutenção da verdade, que honre a sua memória e que se esforce para promover uma reparação. Ser firme no respeito às leis é a própria condição de garantia do contraditório e de justiça social.

O antigo relógio trazido por Dom João VI, quando a família real portuguesa desembarcou no Brasil no início do século XIX, foi transformado em carcaça durante a invasão em Brasília. Simbolicamente, esse ato levanta uma questão: era a intenção dos vândalos parar o tempo? Retroceder a um momento sem garantias de inclusão social?

A arte ser um dos alvos prediletos de depredação cultural de quem não suporta conviver com a diversidade possivelmente tem relação com as possibilidades de leitura que ela traz acerca do que nos perpassa. Por exemplo, em 2019, também em Brasília, um grupo agitava bandeiras do Império. O anacronismo da cena que clamava o retorno do rei chamou a atenção do artista Cadeh Juaçaba, que há alguns anos desenvolve em seus trabalhos um questionamento crítico sobre a utilização e apropriação dos símbolos oficiais, tal como os bolsonaristas fizeram com as cores e a bandeira de nosso país. A imagem da obra do artista "Postos Opostos", de 2021, dialoga com os textos dessa edição do Conexão Fepal.

O golpe do dia 08 de janeiro fracassou, mas o que nutre o fantasma do golpe continua a nos rondar. Por essas e outras, a implicação dos psicanalistas nas questões sociopolíticas é urgente. Diante da pesada nuvem que se formou serão necessárias ações contínuas em favor do fortalecimento democrático. A luz de um futuro comum multicultural e multiespécies, com sustentabilidade planetária e estabilidade democrática, necessita de novas percepções e ações. Desaprender fórmulas gastas, reinventar a vida, reaprender com a sabedoria dos povos ancestrais da América Latina. Há muito o que fazer, ressignificar, resonhar.

3. Democracia à deriva

María Luisa Silva

Comunicar com alguma clareza o que está acontecendo no Peru parece-me uma tarefa muito difícil. A situação é extremamente caótica e confusa, devido à multiplicidade de fatores envolvidos. O estopim foi a tentativa fracassada de golpe e a demissão do ex-presidente Pedro Castillo. Como reação, uma população enfurecida que, desconhecendo essa tentativa de golpe, culpa as manobras do Congresso da República e a sucessora Dina Boluarte pelo que consideram uma injusta deposição do poder de quem fora o ex-presidente que, pela primeira vez, os representava.

A partir disso, desencadeia-se a onda de violência e várias manifestações desarticuladas de marchas e bloqueios se alastram por todo o país, agregando às justas reivindicações, oportunismo político, poderes econômicos legais e ilegais, vandalismo criminoso, entre outros. A resposta perigosamente errada do governo é o uso de mais violência indiscriminada que, em uma tentativa de neutralizar os manifestantes "com punho de ferro", mata cegamente mais de 50 cidadãos. O novo governo demonstra assim sua incapacidade de permanecer dentro dos limites da institucionalidade e sua surdez para ouvir as exigências de uma população há muito esquecida. Dessa forma, a violência aumenta e se espalha em todas as áreas da vida social, através de atitudes conflituosas e polarizadas que impedem completamente o diálogo entre os peruanos.

Como pode haver diálogo quando a discriminação, o racismo e a intolerância pelo diferente surgem com grande crueza nestes tempos turbulentos? Uma severa crise – onde o desgoverno, o tribalismo, o fanatismo do pensamento único e o ataque à alteridade dominam o cenário social e político –, nos coloca não apenas diante de uma democracia ameaçada, mas diante da impossibilidade de sentir sequer que somos compatriotas.

Infelizmente, não mais nos surpreendem estes ciclos de instabilidade e violência em um país onde as regras da institucionalidade democrática estão à deriva e são constantemente desrespeitadas. Crises e desencadeadores políticos atuais ou de médio prazo, mas que nos remetem a fissuras atávicas que existem desde a fundação de nosso país.

Esperamos poder utilizar esta experiência convulsiva para começar a elaborá-la verdadeiramente. Uma elaboração que deve visar a indispensável recuperação da confiança na institucionalidade, com um governo que escute com atenção e empatia as reivindicações daqueles que se sentem negligenciados.

4. Democracias latino-americanas ameaçadas

Fernando Orduz

Minha nação se engalana diante do espelho dos ideais democráticos com a convicção de ter sustentado sem fraturas a ordem imaculada desse sistema por 65 anos.

Às vezes, os conceitos servem como telas encobridoras que não permitem ver o que está acontecendo por trás da superfície maquiada. Sob o manto da chamada democracia mais antiga do continente, esconde-se uma dinâmica social baseada em um fratricídio feroz que não cessa em seu horrível derramamento de sangue. Durante estas décadas democráticas, o genocídio tirou a vida de aproximadamente 200.000 civis, 70.000 ainda estão registrados como desaparecidos, quase 40.000 cidadãos foram sequestrados, 15.000 foram vítimas de violência sexual, 4.000 vítimas inocentes de minas terrestres *antipessoal e 8 milhões tiveram que deslocar-se dentro do território.*

Dentro desta bela democracia, todos sentem que representam a lei e, em nome da verdade com a qual cada cidadão se identifica, fazemos justiça com nossas próprias mãos e armas; porque a representante de Temis em nosso território é cega, surda, muda e tetraplégica. Ao contrário dos prepotentes representantes de Ares, que orgulhosamente ostentam seus símbolos fálicos, visto que somente com seu fogo pudemos salvar a democracia.

Aquele que vive na outra margem de nossos ideais é visto como um bárbaro violento que desconhece a linguagem democrática encarnada apenas pelos "nós". O bruto será sempre o outro, aquele que não é meu semelhante.

Tomara se tratasse somente de outra margem. A arquitetura social de nosso Estado democrático dividiu o país em seis estratos: o da plebe, cheio de índios ressentidos e negros preguiçosos, é estigmatizado com o número 1; a partir daí subimos até chegar ao ápice da pirâmide marcado com o número 6, o das pessoas de bem, geralmente com uma tez pálida. A desigualdade social está formalizada e criou fronteiras visíveis e invisíveis.

A cada quatro anos a festa democrática – como é chamado em meu país o ritual de eleição do Messias do dia – funciona como um fetiche de encobrimento que nos impede de ver a polimorfe perversa poliarquia de pequenas elites ou máfias, que só procuram satisfazer o apetite pelo poder de seus interesses monetários. Se os indicadores econômicos estão indo bem, isso significa que nossa democracia também.

Se o autocrata eleito reflete nossos ideais, nós o elogiamos; se não, nós o vilipendiamos.

MANIFESTO

5. Declaração da IPA: ataques brutais à democracia em todo o mundo

A IPA (International Psychoanalytical Association) está alarmada com as várias manifestações de ataques brutais à democracia em todo o mundo. Recentemente, no Brasil, Peru e Israel, as instituições e símbolos fundamentais dos Estados que garantem a democracia (como a Suprema Corte e o Parlamento) estão sendo violentamente danificados ou manipulados por três vias principais: vandalismo e crime; uma exploração cínica dos canais legítimos da democracia; e controle sofisticado das mídias sociais, por meio das quais notícias falsas assumem exatamente a mesma forma que notícias genuínas, e narrativas falsas e conluios estão pervertendo e distorcendo nosso senso de verdade. Esses modos de ataque violento à democracia estão ocorrendo em todo o mundo.

Vivemos tempos aterradores caracterizados por uma eclosão de ataques violentos contra a democracia e contra a virtude da verdade. Governos e grupos políticos perderam toda a responsabilidade pelos direitos humanos e valores morais. Eles também perderam quaisquer sinais de vergonha e culpa que são fundamentais para o julgamento moral e posição ética. Uma estranha sensação de profunda confusão e caos se espalha por toda parte.

Do ponto de vista psicanalítico, um desenvolvimento psíquico saudável e uma personalidade madura são caracterizados pela tolerância à alteridade e contenção de complexidades e até contradições. Um ataque à democracia representa extrema intolerância com as diferenças em nós mesmos e no outro. Ataca a existência de diferentes organismos que se equilibram (na mente do indivíduo, na sociedade e nas instituições do Estado) em prol de um controle onipotente e monolítico. Obriga a ter uma imagem única da realidade que proíbe a variabilidade e a liberdade de escolha, expressão e modo de vida. Cria um mundo dividido e polarizado no qual a alteridade é demonizada e os direitos básicos são negados. Um ataque à democracia é um ataque ao pensamento; um ataque à nossa sanidade, como indivíduos e como sociedade.

Queremos expressar nossa solidariedade com nossos colegas em todo o mundo que sofrem com esses fenômenos angustiantes e nos encorajar, como psicanalistas, a tomar uma posição firme, evitar o silêncio e fazer esforços ativos para lidar com esses eventos tão perigosos.

(Texto original em: https://buff.ly/3XDIvqL)

CONVERSAÇÕES

6. Entrevista a Wania Cidade

Ximena Méndez

Wania Cidade, membro efetivo e ex-presidente da SBPRJ e presidente da Fepal (2022-2024).

Como assim um psicanalista latino-americano se envolve com a vida institucional de sua sociedade, em uma América Latina onde, hoje como ontem, questões como racismo, sexualidades, Direitos Humanos, política, acesso de grupos minoritários, movimentos sociais e turbulências, ética e poder estão em chamas?

Num formato de 5 entrevistas a quem hoje dirige a Fepal, abordaremos estas questões em EN LENGUA VIVA: Fepal HOJE.

Oferecemos esta primeira conversação para que você possa apreciá-la e acompanhá-la em suas reflexões sobre o que está acontecendo conosco na América Latina hoje.

Assista ao vídeo no canal YouTube da Fepal:

—CONEXÃO—

FEPAL

#28

Fevereiro 2023

MIGRAÇÕES

Equipe editorial
Adriana Pontelli Diretora de Publicações da Fepal
Psicanalista da Associação Psicanalítica de Córdoba (APC)

Alicia Ángeles Ramírez
Analista em formação da Sociedade Peruana de Psicanálise (SPP)

Ana Valeska Maia Magalhães
Analista em formação da Sociedade Psicanalítica de Fortaleza (SPFOR)

Daniel Senos
Analista em formação da Sociedade Brasileira de Psicanálise do Rio de Janeiro (SBPRJ)

Lúcia Palazzo Diretora Suplente de Publicações da Fepal
Psicanalista da Sociedade Brasileira de Psicanálise do Rio de Janeiro (SBPRJ)

Marina Massi Coordenadora Científica da Fepal
Psicanalista da Sociedade de Psicanálise de São Paulo (SBPSP)

Natalia Mudarra
Psicanalista da Associação Panamenha de Psicanálise (APAP)

Ximena Méndez
Analista em formação da Associação Psicanalítica do Uruguai (APU)

Walter Eduardo Lisboa Tradutor

Leo Mangiavacchi Designer gráfico / Diagramador

Imagem da capa Expansão 3 (2022), de Diego de Santos*. Acrílica e transferência de pintura de faixa de ráfia sobre tela, 60cm x 80cm.
*Diego de Santos é artista visual. Foi contemplado com o prêmio FUNARTE de Arte Contemporânea (2015-2016). Indicado ao Prêmio PIPA e vencedor na categoria Voto Popular Online (2014). Realizou exposições individuais e coletivas em espaços institucionais e galerias pelo Brasil. Vive e trabalha entre Caucaia e Fortaleza.

EDITORIAL

7. Um estado de deriva e incerteza

Adriana Pontelli e Ana Valeska Maia Magalhães

Conexão Fepal, em processo de gradual transformação, chega hoje a vocês como um projeto editorial incipiente. Queremos promover um espaço dinâmico para a circulação de reflexões, relatos de experiências, propostas de leituras em torno de temas e situações atuais que nos interpelam como psicanalistas. Propomos o desafio de dizer/escrever em poucas palavras, à maneira daqueles esboços à mão livre, sem os detalhes do desenho, mas com algumas linhas que delineiam um tema, traços inacabados que convidam a pensar. Nesta edição, apresentamos um esboço sobre migrações.

Na cultura mítica, desde a Odisseia de Ulisses, conhecemos a metáfora da travessia oceânica como um mergulho profundo nos enigmas do inconsciente humano. Tal como as inesperadas reviravoltas das ondas em alto-mar que abatem os navios, mergulhando-os na turbulência e impotência de um estado de deriva e incerteza, as migrações humanas atuais são marcadas por percursos complexos e desafiantes. Nos deslocamentos realizados por água, terra ou ar, as migrações revelam como nossa contemporaneidade é afetada por guerras, misérias sociais e catástrofes ambientais, o que traz consigo a evidência de um futuro em constante mutação e imerso em dificuldades. Frente a circunstâncias tão graves o que podemos fazer como psicanalistas?

O diálogo com a arte contemporânea é uma de nossas apostas. Por isso, na capa desta edição temos a imagem da obra Expansão 3 (2022) do artista visual Diego de Santos. Um barqueiro solitário atinge o horizonte com o movimento de seus remos. Esta pintura acrílica, com a transferência de tiras de ráfia pintadas para o suporte de tela, dá um novo uso a materiais do cotidiano, movimentando não só as práticas tradicionais da linguagem pictórica, mas, sobretudo, convidando quem olha a imagem a repensar a sua possibilidade poética. O gesto delicado e esperançoso do barqueiro é o de continuar, e ser farol, apesar da tempestade que nubla o agora.

Perspectivas é um espaço concebido como uma urdidura na qual psicanalistas de diferentes regiões inserem seus pontos de vista em uma narrativa ou enredo. O fio temático comum – migrações neste número – favorece o entrelaçamento dos textos apresentados, formando um desenho particular. Cristina Fulco, em seu texto Migrações, coloca a fibra da teoria psicanalítica na trama para pensar o desafio clínico no trabalho com populações migrantes. Em seu artigo Narrativas e deslocamentos, Patrícia Bohrer Pereira Leite alerta sobre os efeitos desse fenômeno em escala global e valoriza intervenções na promoção de uma cultura de acolhimento e hospitalidade. Por fim, Diana Zac e Isabel Mansione, no texto Navegando nas Memórias Coletivas, partilham a experiência de intervenção no campo educativo, colaborando com professores e alunos na recuperação de histórias de vida migrantes.

Inauguramos nesta edição um ambiente de escuta e diálogo com profissionais de outros campos do saber. Em *Interseções* o doutor em Filosofia, escritor e professor Renato Noguera problematiza o fenômeno da migração relacionando-o com a colonização. É possível um mundo sem fronteiras? Ao indagar sobre o sentido das fronteiras na contemporaneidade, o autor articula percursos históricos e a crise atual, evidencia as relações entre racismo, monoteísmo e necropoder. Mas não abre mão da esperança: "*É preciso sonhar com um dia em que não seja preciso migrar, mas, sejamos capazes de visitar e receber visitas*".

Em *Conversações* propomos um exercício de escuta das trocas produzidas na privacidade de uma entrevista, ponto de encontro para o desdobramento de narrativas testemunhais de vozes de referências culturais, de psicanalistas que se destacam por suas contribuições à psicanálise, ou daqueles que desempenham atualmente um papel na Fepal, tal como nesta edição. Marina Massi, Coordenadora Científica da Fepal, em diálogo com Alicia Ángeles, fala-nos do seu percurso pessoal, profissional e institucional, da relação entre a psicanálise e o social, e do projeto de gestão da área científica.

Uma equipe de editores da Revista Latino-Americana de Psicanálise da Fepal, na seção *Marcadores de Calibán*, nos convida a revisitar artigos publicados em números anteriores, para recuperar contribuições altamente válidas daqueles que abordaram na época os temas que propomos para cada Conexão. Nesta ocasião, Gabriela Levy compartilha conosco alguns marcadores de leitura sobre "*o tema das migrações e exílios (...) problematizado por diferentes autores que deixaram suas marcas-escrituras em nossa Revista Calibán*".

Convidamos os leitores a se conectarem com este projeto editorial que nasce hoje.

PERSPECTIVAS

8. Migrações

María Cristina Fulco

Embora se possa pensar que as migrações fazem parte da história da humanidade desde suas origens, é importante enfatizar que os movimentos migratórios na forma de uma "explosão" se intensificaram nas últimas décadas, não apenas na América Latina, mas também no mundo. Além das múltiplas e comuns causas históricas que forçaram as pessoas a deixarem seus lugares de origem, como razões políticas e econômicas, catástrofes naturais, invasões e genocídios, se somam a estes tempos a mutação civilizacional, como nos habituamos a chamar o turbilhão de mudanças político-culturais e tecnológicas às quais as populações das mais diversas partes de nosso planeta estão sujeitas, sem tempo para a elaboração dos conflitos e das perdas, muitas vezes abalando os fundamentos das identidades individual e coletiva.

O que a psicanálise tem a contribuir diante destas novas realidades que, por um lado, questionam seu próprio paradigma e, por outro, a colocam em xeque com seu apelo de urgência e desafios clínicos, a fim de trabalhar nos processos de subjetivação que tanto as populações migrantes quanto as receptivas estão passando?

A abordagem do tema nos aproxima de um trabalho de fronteira no sentido de atravessar zonas, marcado por uma heterogeneidade de campos que inclui o saber de psicanalistas, antropólogos, sociólogos, economistas entre outros e que abre uma gama de temas como a subjetividade acima mencionada, a alteridade, o corpo, as identificações, o racismo, a linguagem, a violência e, por último mas não menos importante, o inconsciente. Portanto, não se trata apenas dos deslocamentos geográficos, mas também dos problemas que as migrações trazem à tona, revelando o latente, consciente e inconsciente, tanto no individual quanto no coletivo.

Algo do que está ligado aos primórdios da estruturação psíquica, o campo do narcisismo, nos lembra Freud em "Formulações sobre os dois princípios do funcionamento psíquico", "As pulsões e seus destinos" e "A negativa", ao definir modos de funcionamento das pulsões do ego. É importante destacar que nessas obras o que ele define como princípio do prazer equivale à rejeição do estranho, do que vem de fora, do que é sentido como ruim e ameaçador.

É frequente que a população imigrante, nos tempos atuais (e talvez em todos os tempos), gere e tenha gerado distância e distanciamento em um aspecto duplo que inclui também a população receptora, questionando a identidade. Algo do inquietante, no sentido freudiano, parece ser despertado diante do diferente, em seu caráter de estranho, estrangeiro, perturbador, em sua estrangeirice e em suas diferenças. Os choques culturais promovem incompreensões e ódio diante das diferenças de valores, costumes, histórias, tradições, que nem sempre promovem oportunidades de enriquecimento mútuo, mas levam a movimentos de intolerância e violência com seus efeitos de expulsão, isolamento e rejeição. Muitas vezes na fronteira entre a vida e a morte, como é bem conhecido por todos.

A psicanálise trabalha com as palavras como uma de suas ferramentas fundamentais no encontro com o outro. Trabalhar com populações migrantes implica o desafio de aceitar o desconhecimento da língua do migrante, muitas vezes sem conhecer seus códigos, suas palavras proibidas e suas conotações sexuais com seus efeitos traumáticos, uma tarefa que o migrante também enfrenta como portador de referências culturais diferentes das nossas. Entendemos que estes desafios exigem necessariamente, no momento de nossa prática, um trabalho intenso com contratransferência e, ao mesmo tempo, implicam uma necessária interlocução interdisciplinar.

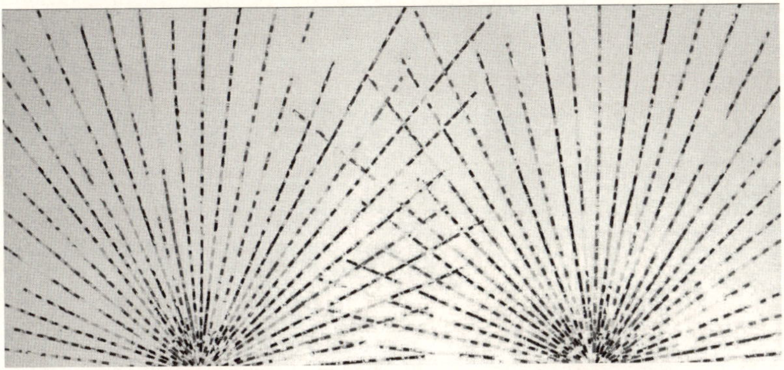

9. Narrativas e deslocamentos

Patrícia Bohrer Pereira Leite

> *[...] toda migração é um ato de coragem... e leva a modificações no conjunto da história familiar. A migração, esta é sua grandeza existencial, é um ato complexo que não pode ser reduzido a categorias da sorte ou da necessidade! Independentemente das razões que levaram a este ato, a migração é às vezes traumática [...] A psicanálise reconhece três significações de trauma [...] este refere-se à perda do enquadre cultural interno, a partir do qual era decodificada a realidade externa (Moro, 2002, p. 161).*

Em maio de 2022, mais de 100 milhões de pessoas estavam em deslocamento forçado devido a perseguições, conflitos, violência, violações dos direitos humanos ou eventos que perturbaram a ordem pública. Destas ao menos 36,5 milhões eram crianças e jovens que só viveram em situações de conflito e nunca frequentaram escola. Ainda há aqueles que viajam desacompanhados, trabalham para sobreviver, e sofrem formas de abuso diversas (ONU, 06/2022).

Estas pessoas movimentam-se de forma distinta no que concerne a elementos fundamentais: laços familiares, religião, valorização da língua e da cultura de origem, maneira de cuidar dos pequenos, divisão de papéis dentro da família etc., constituindo um grupo bastante heterogêneo.

As migrações podem introduzir uma desordem na transmissão entre gerações de elementos essenciais ao nosso desenvolvimento e saúde psíquica. As crises costumam nos silenciar; os adultos falam pouco com as crianças preocupados com as próprias angústias; somam-se rupturas e perdas de referências concretas: a falta da família expandida, de um grupo de pertencimento; aumenta a solidão e dificuldades os modos de guarda e educação na primeira infância. A precariedade das estruturas de atendimento e moradia são condições frequentes. As instituições educacionais e de saúde nem sempre estão preparadas para lidar com aspectos transculturais.

A arte tem um lugar essencial no fomento de uma sociedade mais solidária, sua mediação pode incrementar práticas multidisciplinares de saúde e psicanálise. Uma ação cultural inserida na vida cotidiana cria uma liberdade e auxilia a pessoa a descentrar destas situações extremas. Inscrita na memória do encontro, onde o outro nos solicita, e acompanhado com palavras nos recorda a nossa poética. Criam-se espaços de escuta onde a linguagem pode ser exercida em sua expressão mais lúdica. Exercício que convida ao diálogo, auxilia a negociar saudades, cultivar lembranças, intercambiar repertórios e habilidades, significar experiências, nomeá-las e integrá-las. A leitura de narrativas literárias é primorosa ferramenta de mediação de linguagem, emoções, cultura; a literatura depositório de nossa riqueza humana valorizador de nossa alteridade e humanidade.

Devemos investir em uma cultura do acolhimento e da hospitalidade onde cada pessoa ou grupo seja considerado como sujeito singular. Nós, profissionais, precisamos, sem perder a seriedade e o rigor, cuidar para impedir engajamentos que nos retirem a liberdade de pensar e inventar nestes contextos adversos. Assim, quem sabe, poderíamos minimizar e evitar agravar as consequências destes deslocamentos.

Referências

Moro, M. R. (2002/2011). *Enfants d'ici venus d'ailheurs.* Arthème Fayard/Pluriel.

https://www.unhcr.org/fr/62aae6e24

https://www.acnur.org/portugues/2022/06/15/acnur-deslocamento-global-atinge-novo-recorde-e-r eforca-tendencia-de-crescimento-da-ultima-decada/

https://brasil.un.org/pt-br/186958-unicef-aponta-recorde-de-37-milhoes-de-criancas-deslocadas

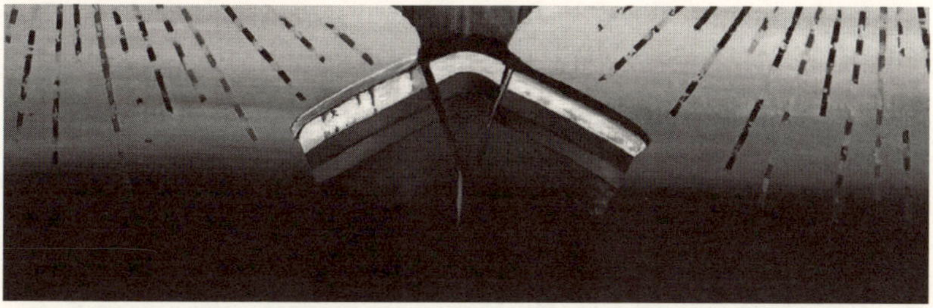

10. Navegando nas memórias coletivas: uma introdução à identidade social

Diana Zac e Isabel Mansione

Em situações críticas, os seres humanos podem ficar presos em suas origens ou embarcar na aventura da migração, que abre horizontes e experiências, desafiando nossa capacidade de adaptação, com as comédias e dramas da existência.

A migração está na imaginação coletiva como uma forma possível de resolver o futuro. Confrontar as próprias fantasias com o que aconteceu com os outros, acessar as memórias daqueles que nos precederam e pensaram em nós, nos aproxima da memória coletiva e nos ilumina.

A equipe da APdeBA realizou uma experiência na Província de Buenos Aires, Argentina, com professores e estudantes adolescentes, buscando recuperar as histórias de vida dos migrantes que construíram o tecido social de algumas cidades.

Pensamos nos adolescentes para treiná-los e confiar-lhes o trabalho de campo e sua apresentação na comunidade, pois eles conhecem a experiência de passar por mudanças de identidade e podem empatizar com histórias de adaptação, transformações, discriminação e preconceito.

Além da necessidade de investigação acadêmica, havia a urgência de evitar que a brisa do tempo apagasse para sempre aquelas experiências inscritas nos macro processos históricos, tão pessoais, mas sem voz.

Como preservar aquelas contribuições que nenhum livro lembrava e ainda eram os fios da densa teia psico-sócio-histórica? Como mergulhar em suas tragédias e alegrias, para recuperar a carne do se tornar? Estávamos conscientes de mobilizar a emocionalidade, com os riscos e vantagens que se seguem. Havia testemunhos de migrações forçadas, assim como outros guiados por ideais, amor etc.

Qual foi a contribuição dos psicanalistas? Construir pontes com outras disciplinas, outras culturas e diferentes gerações. Para incluir a perspectiva de uma subjetividade em trânsito, ansiosa por ser ouvida.

Descobrimos que o uso de advérbios aqui e ali, embora tornasse a narrativa confusa, era um indicador de onde estava a mente durante o testemunho.

Procuramos tornar visível o invisível que construiu a desmemória, e que, no entanto, percorre a construção de identidades locais e singulares.

Resultados inesperados foram obtidos, como acontece na pesquisa das ciências humanas. Houve uma irmandade com vilas italianas, que organizou museus interativos com os testemunhos gravados.

Também construímos com colegas de escolas italianas o projeto Educreando ©Binacional para a prevenção de todos os tipos de violência nas escolas, incluindo o bullying e a discriminação contra crianças e adolescentes migrantes.

INTERSEÇÕES

11. É possível um mundo sem fronteiras?

Renato Noguera

Um viés para problematizar o fenômeno da migração está na colonização e seus efeitos. Os processos de colonização articularam patriarcado, racismo e monoteísmo e construíram o projeto ocidental de transformar a "humanidade em matéria e energia" (Mbembe, 2021, p.19). Migração está relacionada aos modos como o sistema mundo organiza a produção material da vida. A partir das reflexões do economista senegalês Felwine Sarr, o ecomito do desenvolvimento objetifica a natureza. Migração é uma espécie de busca por uma "terra prometida", partir de um território em guerra, atingido por catástrofes climáticas resta escapar. No ensaio Necropolítica, o filósofo Achille Mbembe diz algo que merece nossa atenção: "A forma mais bem-sucedida de necropoder é a ocupação colonial contemporânea da Palestina" (Mbembe, 2015, p. 136). Pois bem, por que a ocupação colonial é o necropoder em sua forma mais elaborada? Por necropoder devemos compreender uma tecnologia política que faz da soberania do Estado, direito de matar por critérios étnico-raciais. No caso da Palestina, a migração de colonos está intimamente relacionada às apropriações que a dimensão política da vida faz do discurso religioso. Os monoteísmos advindos de Abraão têm uma peculiaridade: existe um povo que tem direito a uma Terra prometida. A política transfere esse território de um paraíso pós-juízo final para o aqui e agora. O que à primeira vista era teológico se "transforma" em geopolítica.

Nesse caso, a a migração é para expulsar alguns em favor da ocupação territorial de outros que por alguma narrativa teológico-política, cultural ou econômica autointitulam os novos habitantes. Esse é o padrão operacional do Ocidente colonizador. Mas, existem outros motivos para migrar. Mbembe nos fala do afropolitanismo, uma espécie de cosmopolitanismo africano que ao invés de fazer coro com a tese de uma cidadania mundial num mundo com fronteiras, nos apresenta o que denomino aqui de um mundo com limites ao invés de fronteiras. Em certa medida, a migração se organiza em torno de fronteiras como linhas geopolíticas que estabelece a soberania de uma nação. Portanto, é preciso ter um passaporte, passar por barreiras de vários tipos para poder entrar numa terra estrangeira. A Europa passou séculos invadindo, migrando e ocupando e fantasiou que estava "descobrindo" um Novo Mundo.

A minha hipótese é simples, baixar as fronteiras e refazer os acordos de soberania recolocando a vida como mais importante do que o capital é uma das formas que podemos arriscar para viver menos marcados pelo afeto do medo, sempre em estado de vigilância e armas em punho. É preciso sonhar com um dia em que não seja preciso migrar, mas, sejamos capazes de visitar e receber visitas.

Se não houvessem fronteiras, não precisaríamos migrar. Se não houvesse uma terra prometida, não seria preciso disputá-la. Eu concordo com Mbembe, a política trata da vida e da morte, não sobre conhecimento e verdade. A migração obedece a uma dinâmica de ocupar novos territórios seja para escapar da escassez, ou invadi-los para evitá-la. O que desejo reflexionar diz respeito ao abandono da lógica da escassez para uma arquitetura conceitual da política que passe pelo que Davi Kopenawa trata como uma cosmopolítica da natureza, assim como pelas reflexões de Mogobe Ramose sobre um polidiálogo e a importância da comunidade defendida por Mãe Stella de Oxóssi. Migração é um sintoma de um problema que afeta o sistema geopolítico mundial. É preciso compreender o complexo que gerou esse sintoma. Uma alternativa estaria em agenciamentos entre humanidade, a natureza e outros seres que não passe pela exploração e tampouco por alguma fantasia de salvação universal religiosa. O Mal-estar dessa civilização produz fluxos migratórios. Talvez, para além do bem e do mal, seja preciso estabelecer o fim desses fluxos com o cessar das fronteiras. Se a proposta for estabelecer alguns limites e nenhuma fronteira. Eu deixo uma pergunta que está em meus investimentos intelectuais sem resposta. A humanidade prefere manter as fronteiras ou será capaz de abrir mão do que mantém sempre vivo, o risco de sua extinção?

Referências

Mbembe, Achille. (2016). Necropolítica. *Arte & Ensaios.* n. 32.

Mbembe, Achille. (2021). *Brutalismo.* N-1.

CONVERSAÇÕES

12. Em Língua Viva: Fepal Hoje entrevista Marina Massi

Alicia Ángeles Ramírez

Marina Massi, psicanalista de SPBSP e coordenadora científica da Fepal (2022-2024).

Marina Massi, nossa atual Coordenadora Científica, nos aproxima de seu amor e interesse em divulgar a produção científica dos psicanalistas latino-americanos há vários anos. Como são tomadas as decisões que, na área científica, nos vão influenciar nos próximos dois anos? Como esta área é concebida como um laboratório de prevenção da polarização dentro de nossa instituição?

Num formato de 5 entrevistas com quem hoje dirige a Fepal, abordamos estas questões na seção Em Língua Viva: Fepal Hoje. Entregamos esta segunda conversação feita entre São Paulo e Lima.

Esperamos que a leitura seja tão motivadora quanto foi para nós fazermos a entrevista.

Assista ao vídeo no canal YouTube da Fepal:

MARCADORES DE CALIBÁN

13. Migrações e exílios

Gabriela Levy

Nos últimos anos observa-se no mundo um aumento exponencial de migrações e deslocamentos provocados por guerras, opressões, pobreza, crises climáticas ou, simplesmente, pela busca de melhores oportunidades de vida. A história da psicanálise e sua expansão estão marcadas também por experiências de exílio como a de Freud e de muitos de seus contemporâneos durante a Segunda Guerra Mundial ou, mais próximo de nós, os exílios impostos pelas ditaduras militares na América Latina nos anos 1970.

Dimensão marcante do imbricamento entre a experiência individual e a coletiva, a noção de exílio permeia implicitamente todo o pensamento psicanalítico enquanto paradigma da *estrangeiridade*, isto é, do descentramento subjetivo e da dialética entre identidade e alteridade inerentes à constituição psíquica. Contudo, o real da vivência de migrantes e refugiados, nos coloca muitas vezes frente a dramáticas situações-limite nas quais a abordagem do exílio exclusivamente enquanto descentramento psíquico torna-se insuficiente para entender o sofrimento específico de sujeitos cuja alteridade é redobrada e exacerbada por experiências de deslocamentos, violências e alienação cultural.

Esta temática fundamental de migrações e exílios tem sido problematizada por diferentes autores que deixaram suas marcas-escritas em nossa Revista Calibán. Compartilhamos aqui alguns desses marcadores de leitura:

Calibán O que não se sabe vol. 14 (2)

Edmundo Gómez Mango: *O terror político e a sessão analítica.*

Calibán Mal vol. 15 (2)

Marcelo Viñar: *Terror político e exílio-desexílio (suas marcas subjetivas).*

Calibán FemininX vol. 17 (1) - *Dossiê Mulheres em exílio* com textos de:

Gabriela Levy: *Exiladas.*

Marie-Caroline Saglio-Yatzimirsky: *Mulher de pedra, mulher de prantos, mulher de revolta.*

Simona Taliani: *Rastros generativos: Sobre repetição e exílios femininos.*

José Luis González Fernández: Marie Langer: *Entre o luto e a vida, uma experiência de exílio. Viver o presente pelo futuro.*

Claudia Andujar: *Fugindo da Segunda Guerra Mundial: Da Hungria aos Yanomami.*

Jobana Moya Aramayo: *Ser mãe quéchua em São Paulo: um depoimento.*

Adriana Prengler: *Comitê de Emigração e Reintegração de Psicanalistas.*

Calibán #Fronteiras vol. 18 (1)

Serapio Marcano: *Migração e trauma: Uma visão a partir da psicanálise e da experiência pessoal.*

Trem baiano, Fotografia de *Claudia Andujar*, da série Histórias reais (1969) Impressão com tinta pigmentada mineral sobre papel algodão, 73 x 110 cm.

CONEXÃO

FEPAL

#29

Março 2023

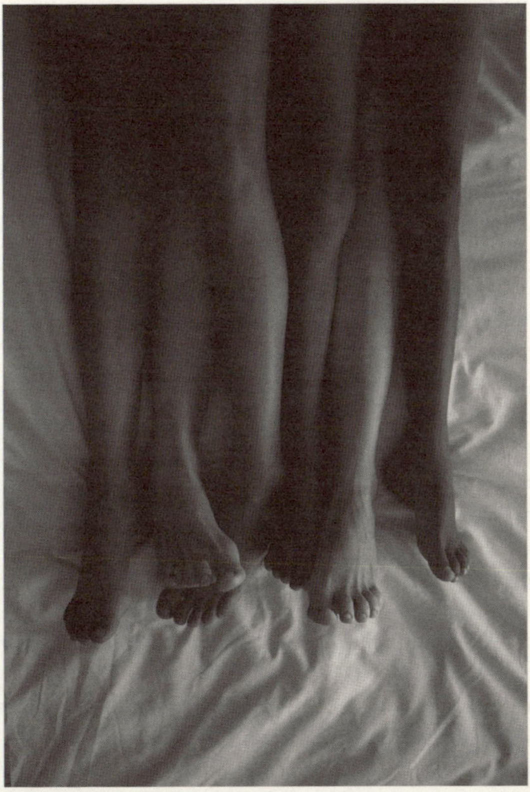

MULHERES

Equipe editorial

Adriana Pontelli Diretora de Publicações da Fepal
Psicanalista da Associação Psicanalítica de Córdoba (APC)

Alicia Ángeles Ramírez
Analista em formação da Sociedade Peruana de Psicanálise (SPP)

Ana Valeska Maia Magalhães
Analista em formação da Sociedade Psicanalítica de Fortaleza (SPFOR)

Daniel Senos
Analista em formação da Sociedade Brasileira de Psicanálise do Rio de Janeiro (SBPRJ)

Lúcia Palazzo Diretora Suplente de Publicações da Fepal
Psicanalista da Sociedade Brasileira de Psicanálise do Rio de Janeiro (SBPRJ)

Marina Massi Coordenadora Científica da Fepal
Psicanalista da Sociedade de Psicanálise de São Paulo (SBPSP)

Natalia Mudarra
Psicanalista da Associação Panamenha de Psicanálise (APAP)

Ximena Méndez
Analista em formação da Associação Psicanalítica do Uruguai (APU)

Walter Eduardo Lisboa Tradutor

Leo Mangiavacchi Designer gráfico / Diagramador

Imagem da capa Amor maternal (cover David Herkovitz), 2015, Natalia Iguiniz Boggio*. Impressão digital em papel algodão.

* Natalia Iguiniz (Lima, 1973) é artista plástica e professora universitária. Desde seus estudos em Pintura na Pontificia Universidad Católica del Perú-PUCP (1990-95) e o Mestrado em Gênero, Sexualidade e Políticas Públicas na UNMSM, seu trabalho explora a construção de discursos em torno de concepções do feminino, da sexualidade, do trabalho e da maternidade; assim como a memória histórica e a colonialidade do poder. O seu trabalho transita entre espaços de exposição de arte, intervenção no espaço público e ativismo feminista. Ocasionalmente trabalha com design gráfico, comunicação social, redação e curadoria. Sua obra faz parte de importantes coleções, como MOLAA, MALI, Museu de Arte Contemporânea do Rio Grande do Sul e El Reina Sofía. É mãe de Antônia e Vicente.

EDITORIAL

14. As várias facetas do universo feminino

Adriana Pontelli e Ana Valeska Maia Magalhães

Na imagem vemos um lençol branco com vincos, onde estão três pares de pernas e diferentes tons de pele. A imagem é um recorte, uma incompletude. O que nela falta confronta o olhar, gera questões e convida a imaginar. Diversidade e intimidade, a luta e a quietude, erotismo e brincadeira. O trio de pernas, as miríades do universo feminino, o que transforma, o que transborda? Se para Freud a mulher era um mistério, como pensá-la em nosso tempo? Afinal, o que é uma mulher? O que, como mulheres, queremos?

Para esta edição de *Conexão Fepal* elegemos o tema Mulheres e continuamos a convidar artistas para estarem conosco tecendo novas possibilidades de leitura sobre o que escolhemos apresentar aos leitores. A imagem que acompanha essa edição é um trabalho da artista visual, professora, mãe e ativista feminista Natalia Iguiniz, nascida em Lima, Peru. Sua pesquisa explora como se constroem os discursos em torno das concepções do feminino, da sexualidade, do trabalho e da maternidade. As conquistas históricas não são garantias inabaláveis, discursos tendem a retroceder ou fossilizar. A inquietude da arte com suas perguntas em aberto, a surpresa do que nos olha de volta e abala o chão das certezas, constitui-se também como um campo que chama à criação de formas diversas de ver o mundo, o outro, a nós.

"Se é fato que o presente lampeja, do passado uma menina acena e seu gesto atravessa o tempo até tocar a mulher que habita o futuro", nos diz a escritora Camila Chaves, de Fortaleza, Brasil, em *Interseções*. Em seu delicado texto "A menina", Camila evoca literatura, mitos, vozes e tempos, e instiga a pensarmos acerca do que compreendemos ser uma mulher, chamando a menina que trazemos conosco para também contar a história de vida que escrevemos.

Porém, nosso continente, marcado por uma trajetória colonial, patriarcal, escravocrata, impõe desafios diários à escrita da história das mulheres: feminicídios, racismos, violências domésticas e urbanas, desigualdades salariais, padrões estéticos tirânicos, transfobias. Se, como mulheres, trazemos a menina conosco, por outra perspectiva herdamos camadas de histórias: de nossas avós, das mulheres silenciadas ao longo de séculos do patriarcado, da primeira mulher que contou uma história, da primeira psicanalista.

Nesta edição também apresentamos as *perspectivas* de quatro psicanalistas: três mulheres e um homem. Julio Casillas Ledesma, com o título de seu trabalho "As mulheres a partir de uma perspectiva psicanalítica própria" destaca sua visão pessoal sobre alguns conceitos de Freud considerados como "o núcleo da teoria freudiana da feminilidade". O autor assume o desafio de repensar criticamente alguns pontos do marco conceitual e propõe a construção de um "modelo de caleidoscópio para abordar as infinitas figuras do feminino, de ser mulher hoje". E para pensar neste presente, Graciela Cardó Soria, em "Mulheres. Tempos. Lugares", seleciona três cenas nas quais ela localiza as marcas míticas e históricas da dor de três mulheres. Ela reconhece o sofrimento como uma marca de identidade do feminino, possível de ser revertida em um processo de historicização das feridas, de transformações e de reivindicações em favor de identidades desejáveis. No mesmo sentido, Patricia Alkolombre sublinha em "Mulheres protagonistas" o lugar central das mulheres em seus projetos de vida, e destaca a pluralidade de desejos que as habitam. Concordamos com a autora que "há muitas maneiras de se tornar mulher, e todas elas enquadradas em diferentes contextos sociais"; por isso foi interessante para nós convidar Natalia Mudarra, como psicanalista latina, para nos contar suas experiências com mulheres da comunidade Guna, um povo nativo do norte do Panamá. Ela o fez em seu trabalho intitulado "A colonização do feminino: realidade para as mulheres indígenas e latinas".

A seção *Conversações* continua com a série de entrevistas intituladas "Em língua viva: Fepal hoje". Esta edição conta com uma entrevista íntima e interessante - conduzida por Natalia Mudarra - com Zoila Ortiz, nossa atual Coordenadora de Crianças e Adolescentes da Fepal. Para a entrevistada, a ideia de "brincar e ver o que sai do jogo" foi uma descoberta. Juntamo-nos a esta proposta, oferecendo esta entrevista como um convite para brincar e depois ver o que surge do jogo.

"Ser e tornar-se mulher é uma discussão que percorre a história da psicanálise, marcada pelas lacunas que Freud nunca conseguiu preencher, e continua sendo um assunto que exige o olhar envolvido e responsável dos analistas contemporâneos", aponta Cláudia Carneiro em seu artigo "Mulher". Ela, envolvida com este tema, nesta seção de *Marcadores de Calibán*, propõe uma viagem através de alguns artigos da Revista, que também convidamos você a ler ou reler.

PERSPECTIVAS

15. Mulheres protagonistas

Patrícia Alkolombre

O título *mulheres protagonistas* evoca a centralidade que seu lugar adquiriu desde o início do século passado. Costuma-se dizer que o século XX foi o século da mulher por causa de sua inclusão no mundo público, na arte e na literatura, na economia, na ciência em geral e na psicanálise em particular. Portanto, para pensar nos diferentes cenários que as mulheres ocupam hoje, é vital fazer um pouco de história. Até o final do século XIX, as mulheres tinham uma longa permanência no mundo doméstico, não eram consideradas agentes plenos de seus próprios desejos, nem tinham leis para protegê-las. Sua autonomia era relativa e regida pelas regras de um patriarcado excludente que não considerava seu lugar como sujeitos de direito.

O início do século XX viu o início dos movimentos feministas baseados no princípio da igualdade de direitos para homens e mulheres. Recordamos as sufragistas que saíram às ruas para exigir o direito de voto para as mulheres. Seguiram-se as lutas por direitos no campo laboral, na educação, na política, na economia e nos direitos reprodutivos. Hoje estamos testemunhando movimentos contra a violência contra as mulheres (como #niunamenos), contra o assédio no trabalho (como #metoo). Ao mesmo tempo, o avanço do feminismo dos anos 60 deu origem a diálogos fecundos entre psicanálise e teorias de gênero, que constituem o espaço acadêmico do feminismo.

Assim, as diferentes questões relacionadas às mulheres estão em pleno debate dentro da sociedade, e também dentro da psicanálise. Desde seu início, a escuta de Freud a suas pacientes mulheres constituiu um período fundacional, no qual ele teorizou a sexualidade feminina sob as características da passividade e da complacência com a vida doméstica a partir de uma perspectiva androcêntrica e patriarcal, como um reflexo dos ideais da época. Sabemos que as perguntas que podemos nos fazer estão relacionadas com os tempos em que vivemos.

Se nos perguntarmos sobre as mulheres hoje, podemos dizer que há muitas maneiras de se tornar mulher e todas elas enquadradas nos diferentes contextos sociais; com efeito, viver na América Latina não é o mesmo que viver no Oriente Médio ou na Europa. Geografia e cultura incidem também nos destinos e se colocam como "quarta série complementar", conceito postulado por Alizade (2010).

O caminho para a feminidade, na obra de Freud (1925), desemboca para a mulher na equação pênis = filho, que dá origem ao desejo de filho. Não encontramos em sua obra nenhum outro desejo além do desejo de filho como um caminho de subjetivação privilegiado para a mulher. Isto implica o risco de naturalizar, no campo clínico, a busca da gravidez de forma a-crítica (Alkolombre, 2021). A naturalização do materno traz também novos cenários de sofrimento para aquelas mulheres que não querem ou não podem se tornar mães devido a diversas circunstâncias.

A maternidade para as mulheres hoje é um território heterogêneo devido à separação radical da sexualidade e reprodução com o advento da contracepção oral e da fertilidade assistida. O materno – em plural – constitui atualmente este território heterogêneo no qual as mudanças dos ideais culturais estão em plena transformação. Emergem novas perspectivas sobre o desejo de maternidade, que pode abrigar, ao mesmo tempo, diferentes caminhos através da fertilidade natural, as técnicas reprodutivas, ou seu negativo, o não-desejo do filho (Alkolombre, 2021). Nesse sentido, surge a necessidade de desconstruir o paradigma inicial do feminino dentro da psicanálise.

Se pensarmos na questão do lugar das mulheres – no plural – e seus projetos vitais, podemos dizer que encontramos hoje uma pluralidade desejante. Se conjeturarmos uma passagem da pergunta clássica de Freud, "o que a mulher quer? ", cuja resposta seria "o desejo de um filho", hoje poderíamos formular: "O que as mulheres querem? ", e a resposta seria "ser protagonistas e agentes de seus desejos". E nisto, a psicanálise tem muito a contribuir.

Referências

Alizade, M. (2010). "La liberación de las parentalidades". *Revista Imago Agenda*, nº 140. Letra Viva Editorial.

Alkolombre, P. (2008). *Deseo de hijo. Pasión de hijo. Esterilidad y técnicas reproductivas a la luz del psicoanálisis*. Letra Viva Editorial.

Alkolombre, P. (2021). "The maternal-feminine: Scenarios in transformation psychoanalysis and gender perspectives". *Psychoanalytic Explorations of What Women Want Today* (pp. 161-171). Routledge.

Freud, S. (1925) "Algunas consecuencias psíquicas de la diferencia anatómica entre los sexos". In *Obras Completas*, vol. XIX. Amorrortu.

16. Mulheres. Tempos. Lugares

Graciela Cardó Soria

Cena 1: Grécia Antiga

Antígona, filha e irmã de Édipo, filha de Jocasta, defendeu as leis da natureza, cumpriu a interdição paterna acima da lei dos homens. Ela sepultou seu irmão Polinices, era a coisa certa, embora proibida, era necessário por causa da natureza transmitida pela mãe. Foi condenada a ser enterrada viva, optou por uma morte digna, cometendo suicídio.

Cena 2: Ohio, 1871

"Esse homem diz que as mulheres precisam ser ajudadas para entrar em carruagens e erguidas para passar sobre valas, e para terem os melhores lugares em todas partes. Ninguém nunca me ajudou a entrar em carruagens, a passar por cima de poças de lama ou me deu qualquer bom lugar. E eu não sou uma mulher? Olhe para mim!.... Eu tenho arado e plantado.... Nenhum homem jamais fez isso melhor do que eu! E eu não sou uma mulher?.... Eu aguantei chicotadas! E eu não sou uma mulher? Dei à luz treze filhos e vi a grande maioria ser vendida para a escravidão... E eu não sou uma mulher? (Sojourner Truth)

Cena 3: Lima, março, 2023

Continuando os protestos e marchas que começaram em janeiro, um pequeno grupo de mulheres do planalto do sul do Peru (Puno) corre diretamente em direção à barreira policial com seus filhos nas costas. A poucos metros de distância, um policial dispara uma bomba de gás lacrimogêneo e uma delas é atingida. No dia seguinte, o ministro da Educação declara à imprensa: *"Nem os animais expõem seus filhos assim"*.

Mulheres, tempos, lugares

Destaco o potencial simbólico dessas cenas, seus manifestos e lutas, para além das formas em que se expressaram e expressam. Somos produto de desenvolvimentos históricos, nos quais a pegada de milhares de anos de patriarcado marca nosso inconsciente, deixando mal-estares visíveis e invisíveis sem nomes (Friedan, B. 2016). Grande parte do imaginário ocidental continua permeado de ideias sobre as mulheres como seres cujo conceito engloba o feminino, a condição de fêmea e a maternidade. Mulheres "essencializadas" como emocionais, suaves, sentimentais, lacrimosas, familiares, cuidadoras.

Mesmo se a luta das mulheres está sendo levada em consideração (em alguns países), lembramos com Person que, "se as mulheres agora se imaginam a si mesmas 'correndo com os lobos', alguns homens podem se sentir ameaçados" (1997, p. 167).

Uma proposta

Proponho compreender essas três cenas à luz dos conceitos de Ahmed (2014), sobre a "cultura da ferida", e de Brown e Berlant, sobre a "fetichização da ferida", citada por Ahmed (ibid.). Elas nos lembram que o feminino nas mulheres ainda é marcado pela dor. Muitas vezes é difícil transformar isso e resta apenas fetichizar a ferida como uma marca de identidade; o sofrimento é o corolário.

Pensemos nas cenas como formas de historicizar feridas e afastar a dor como algo essencial para as subjetividades; em vez disso, aparece o discurso reivindicador, a constância do reclamo, a vontade de poder. Reconhecer o seu tempo e o seu lugar histórico permite transformar feridas e afirmar identidades desejantes. Elas saem do tempo congelado da dor, do lamento histórico, e duelam e transfiguram a dor real em uma promessa de *devolução* que sustenta o *investimento da espera* de suas lutas.

Coda

Antígona é autônoma, é o ser que não se submete, desobedece, diz não ao injusto edito real. Ela se torna mulher que é dona de si. Com representações-identificações paternas e maternas, constrói o espaço do desejo próprio.

Sojourner Truth nos ensina que A Mulher única não existe. Seu corpo marcado pela dor e pelo trabalho (no campo e em seus partos), soube curar feridas para enfrentar-se simbolicamente em seu discurso e vencer pela primeira vez um juízo a um homem branco.

As mulheres aimarás no meu país, marcham e lutam por seus mortos e por seus direitos desassistidos, quebram os ideais maternos confrontando os representantes do poder. Elas são humilhadas e atacadas. Parafraseando Sojourner, poderiam perguntar: Eu carrego meus filhos nas costas para o campo, para as marchas, *acaso não sou uma mãe?*

Estamos muito longe do predomínio do pensar a subjetividade das mulheres livres do materno (Alizade, 2006). Em muitas geografias temos voz e somos ouvidas, mas também somos silenciadas e aviltadas; sempre teremos um preço a pagar. Temos um longo caminho a percorrer.

Referências

Ahmed, S. (2014). *La política cultural de las emociones.* Programa Universitario de Estudios de Género.

Alizade, M. (2006). "The non-maternal psychic space". In *Motherhood in the Twenty first century.* Karnak.

Friedan, B. (2016). *La mística de la feminidad.* Cátedra.

Person, E. (1997). *The force of fantasy. Its roles, its benefits, and what it reveals about our lives.* HarperCollins Publishers.

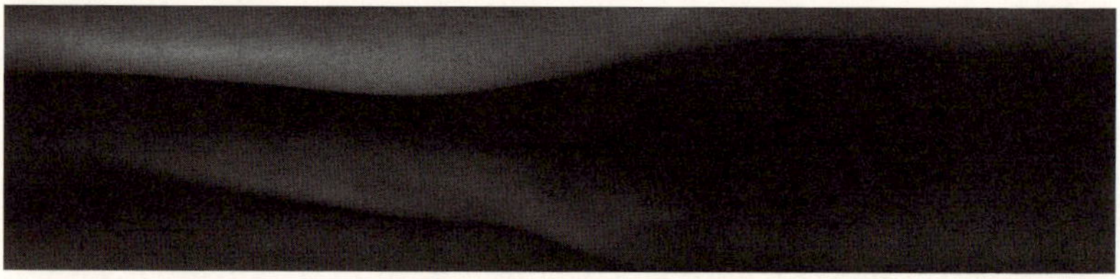

17. As mulheres desde uma perspectiva psicanalítica própria

Julio Casillas Ledesma

Édipo e Freud penetraram profundamente nas profundezas dos olhos da esfinge. O monstro propõe seu enigma a todos os viajantes; quem não souber a resposta é despedaçado, jogado no abismo. Nosso trabalho psicanalítico cotidiano é simbolicamente expresso nesse encontro; no início de cada sessão somos confrontados com o enigma, o enigma da esfinge, representando a pulsão?

A pergunta e curiosidade de Édipo é: "Quem sou eu?"; a da esfinge é: "Quem é você?" Atualmente muitas mudanças estão ocorrendo na prática psicanalítica, reconheço que muitos conceitos freudianos ainda são válidos e continuarão a ser ferramentas clínicas imprescindíveis. A psicanálise da mulher ainda é o grande desafio, ainda é necessário descobrir mais peças do quebra-cabeça. Vejamos rápida e superficialmente apenas uma peça: quando mencionamos em nosso devir profissional o feminino, a mulher, a sexualidade feminina, o conceito da "inveja do pênis", e afirmação errônea de que a vagina não tem nenhum papel na vivência sexual da menina, como sendo o "núcleo da teoria freudiana da feminilidade", estamos falando de preconceitos herdados de pouco mais de cem anos atrás! E infelizmente as disputas continuam.

O reclamo essencial ao patriarcado psicanalítico deve-se ao fato de ele pretender "submeter as mulheres ao desejo do homem". Não obstante, Freud recebe críticas até a publicação de seus dois artigos sobre a sexualidade feminina – apoiados por muitos trabalhos escritos anteriormente por mulheres psicanalistas –, onde a descoberta da diferença sexual adquire seu significado a partir da relação da menina com seus pais, especialmente o vínculo com a mãe. Seguindo Fernández del Valle, é assim como Freud vê-se obrigado a retomar sua descrição do desenvolvimento sexual da mulher, ao perceber de que suas descrições anteriores do complexo da masculinidade carecem de uma descrição atenta do terreno em que surge, na mulher, o reconhecimento das diferenças anatômicas.

Vale mencionar que até essa data Freud não havia lidado com o vínculo mãe-filha, nem com o vínculo mãe-filho, fora de suas descrições do conflito edípico. É interessante notar que ele introduz um novo termo, o adjetivo "pré-edípico", para referir-se ao forte vínculo que existe entre mãe e filha, antes de que nasça na filha um interesse amoroso pelo pai.

Isto, como já mencionei, é apenas uma peça do quebra-cabeça. Parece que nesta etapa pós-covid19, surgem novas direções na prática psicanalítica; com efeito, é impressionante a relevância adquirida pela abordagem do interno imiscuído com o externo, fundamentalmente o contexto sócio-político-cultural.

Agora que tanto se fala em gênero, identidades, sexualidades, feminilidade e masculinidades, relações hierárquicas entre os gêneros, diversidade sexual, homoparentalidade, psicopatologias e violência de gênero, intolerância ao feminino, a psicanálise tem iniciado um permanente e necessário diálogo com tudo o que está relacionado ao que se chama: "estudos da mulher", um diálogo neste complexo tema da subjetividade das diferenças entre os sexos e suas implicações com o corporal e a violência. A articulação entre subjetividade e cultura deverá ser ainda mais aprofundada. É triste e doloroso que em meu país (México) ser mulher e sair para a rua seja arriscado; temos uma taxa vergonhosamente alta de feminicídio e violência de gênero.

Assim como Freud usou o block maravilhoso (quadro negro mágico) para explicar o aparato psíquico, talvez devêssemos desenhar nosso caleidoscópio para nos aproximarmos das inúmeras figuras do feminino, de ser mulher hoje.

Pode-se afirmar que a psicanálise vai além do binário, mas a esfinge continua a nos assombrar com as perguntas: "Quem é você? Quem sou eu?" Até que um dia a violência não seja mais a paisagem diária das mulheres em meu país.

18. A colonização do feminino: realidade para mulheres indígenas e latinas

Natalia Mudarra, Maydel Martínez e Cecibel Arias

O convite do Museo de la Mola para realizar um debate[1], tornou-se o ponto de encontro de uma experiência entre mulheres aparentemente muito diferentes. Maydel Martínez, Médica Clínica Geral, é a primeira mulher guna a retornar e exercer a profissão em sua terra. Cecibel Arias, Licenciada em Serviço Social realiza uma indispensável tarefa de ajuda e apoio para o povo. Ambas me deram sua visão do que é ser uma mulher neste povo originário estabelecido no norte do Panamá. Eu, como latina, emprestei minha escuta e meu saber psicanalítico para integrar a experiência no que significa ser mulher na pós-modernidade.

Conheci a Dra. Maydel quando trabalhava como especialista em saúde mental promovendo a psicoeducação, prevenção e tratamento do HIV e da AIDS em crianças e adolescentes de várias ilhas da comarca. Essa primeira experiência foi o início de um processo de sensibilização, aprendizado e fascínio pelos povos indígenas – que ainda continua –, bem como a de uma amizade e proximidade com mulheres e homens gunas, com os quais continuo em contacto frequente.

1 Referência ao "Conversatorio: Mujer, ecologia y vida. Um vínculo ancestral que hemos olvidado en la actualidad", realizado no Museo de la Mola, Panamá, 25-03-2023.

Maydel comenta sua experiência como médica na comarca. Compartilha conosco o grande desafio que significa para ela manter os costumes e o arraigamento de sua comunidade, em complemento com a medicina ocidental. Relata sua experiência de assistir a partos, onde ela, como representante híbrida de sua comunidade, mas também da medicina ocidental, deve fazer uso de ambos os recursos. "Meu pai me disse que, mesmo que eu fosse médico, tinha que respeitar os costumes, que não podia chegar e querer mudar tudo", referindo-se ao grande desafio que envolvia deixar a comarca e voltar com um novo saber, que às vezes, parece buscar colonizar um estilo de vida ancestral.

A doutora conta como, por exemplo, no caso de um parto complicado, às vezes é necessário chamar o "nele", o curandeiro da comunidade, para que por intermédio de misturas, orações e massagens, ele ajude a parturiente em seu trabalho. Também comenta que respeita muito a cultura deles, por isso pergunta à gestante se ela quer manter a placenta, pois sabe que faz parte do costume de seu povo "semeá-la para dar vida". Maydel explica a semelhança visual da placenta com as raízes das árvores, pois suas ramificações venosas, à maneira de ramos, lembram o vínculo com a terra. Em sua comunidade, a família das mulheres que acabaram de dar à luz pede para preservar "a placenta e o umbigo" do recém-nascido, para depois enterrá-los ao lado de uma semente de qualquer fruto e, assim, seguir o curso natural da vida e da criação. Posso pensar que é um rito que também é feito em gratidão à Grande Mãe Natureza, que lhes fornece todos os recursos para viver, porque nas ilhas não há nenhum tipo de serviço, como luz ou água potável. Poucos são aqueles que têm um telefone celular com Internet.

Por sua vez, Cecibel fala sobre a importância da relação e do respeito entre a mulher guna e a natureza. À pergunta: "como é uma mulher guna?", ela responde sem hesitação: "Ela é quem faz tudo"; no entanto, é o homem quem recebe o reconhecimento de ser quem manda e quem tem voz e voto diante das autoridades gunas; mesmo quando é a mulher quem cuida das crianças, dos doentes, dos idosos e da terra. Também pude reconhecer essa invisibilização entre as mulheres latinas.

Nos povos guna são as mulheres que herdam a terra: as que habitam e as que colhem. Com efeito, é o homem que tem que ir viver com a mulher em sua terra, quando eles se casam. Para Arias, é uma declaração do cuidado que mulher e natureza se professam mutuamente.

A família guna é construída sobre uma ordem social patriarcal, mas funcionalmente é um matriarcado. É constituída pelo pai, o provedor principal, e a mulher, "que guia e conduz o homem", segundo as palavras de uma mulher guna que conheci. O homem é a força que traz a matéria-prima, mas é a mulher que converte os insumos em recursos valiosos e úteis para a comunidade.

O estrangeiro (a medicina ancestral), o indígena, o feminino, tudo o que não é o padrão cultural dominante, muitas vezes é invisibilizado e maltratado. Como psicanalistas podemos dar um lugar a quem, em seu espaço, não tem voz e, a partir do nosso território de saber, tentar trabalhar em prol da descolonização da linguagem e do pensamento.

Da esquerda para a direita: Maydel Martínez, Natalia Mudarra a Cecibel Arias

INTERSEÇÕES

19. A menina

Camila Chaves

Não consigo escrever a mulher sem antes falar da menina. Porque se penso a mulher como projeto, em sua incompletude, só posso entender a menina como estando na origem da produção dos desejos e das bases que darão sustentação ao querer. Se é fato que o presente lampeja, do passado uma menina acena e seu gesto atravessa o tempo até tocar a mulher que habita o futuro. Se a mulher é resistência, a menina é potência de ser.

Quando menina, uma vez eu disse que era menino. "Tu és menino ou menina?", corri sem destino depois de responder. Passei muito tempo da minha infância desejando ser menino, essa construção social que a mim chegava com gosto de infinitude. Poder jogar bola, subir em árvore, construir bonecos, pilotar carrinhos, tirar nota boa em Física e Matemática e gostar de meninas. Sendo menina, fiz tudo isso, e hoje gosto de ser mulher.

Machado de Assis tomou para si um verso de William Wordsworth, dando título a um dos capítulos de Brás Cubas, defunto autor de suas *Memórias Póstumas*: "o menino é pai do homem". Nessa perspectiva, trocados os gêneros, com a devida licença do exercício poético, se na menina estão os apontamentos desse tornar-se mulher, e se a mulher traz em si a menina, podemos dizer que a menina é mãe da mulher. Mas não só.

Na universidade, conheci uma menina que, mais tarde, afirmou-se homem. Um dia, entre tantos registros de seu novo modo de vida – os pelos no rosto, a mudança na voz, o banho de mar sem camisa –, ele publicou uma foto sua de infância, com uma legenda sucinta que dizia: "Uma menina me ensinou quase tudo que eu sei". Era o seu agradecimento. Desde então, nunca mais ouvi "Ainda é cedo" do mesmo jeito.

Também em *O parque das irmãs magníficas*, Camila Sosa Villada, com seu relato e criação de vida travesti, sua narrativa tão cercada de Deus e das coisas do mundo, me fez pensar na importância desse encontro entre a mulher que habita o futuro e a criança que soube haver sido. Para que isso aconteça, ela fala sobre a necessidade de preparar a casa e de saber lhe pedir perdão por tanta beleza passada por cima. Um desejo.

Entre desejar e querer há um abismo tão grande quanto aquele existente entre os que têm quase tudo e os que quase nada têm. Às vezes, se quer, mas não se deseja. Às vezes, se deseja, mas não se quer. O desejo vem antes de tudo, e o querer implica consequências. Antígona, filha de Édipo, desejou e quis. Querendo, arcou com as consequências de se opor às leis dos homens e às dos deuses pra fazer jus ao seu desejo.

O exercício dessa menina mítica me faz lembrar Guimarães Rosa, em *Grande Sertão: veredas*, ao dizer que: "dificultoso, mesmo, é um saber definido o que quer, e ter o poder de ir até no rabo da palavra". Se entendo o rabo da palavra como coisa viva, que não se pode impedir, como a última consequência de algo, ou o fim propriamente dito, digo que, para saber o que se deseja e quer, retornar ao início é mesmo preciso.

Do futuro, uma mulher parte em direção ao passado levando uma bolsa cheia de coisas que de nada lhe servirão, mas disso ela ainda não sabe. Trezentos mil quilômetros por segundo, mas o caminho é escuro. Distante, há um riso que ela esqueceu, um brincar há muito em desuso. Há algo de impossível nesse encontro, mas vale o exercício de não caber. Tornar-se menina. A mulher resiste, a menina teima, o desejo insiste.

CONVERSAÇÕES

20. Em Língua Viva: Fepal Hoje entrevista Zoila Ortiz

Natalia Mudarra

Zoila Ortiz, psicanalista da Sociedad Colombiana de Psicoanálisis (SOCOLPSI) e coordenadora de Infância e Adolescência da Fepal (2022-2024).

"Brincar e esperar o que sai do jogo" foi uma ideia revolucionária para Zoila Ortiz, atual coordenadora da área infanto-juvenil da Fepal.

Ela nos conta de forma muito íntima como se interessou pelo trabalho institucional em psicanálise com crianças e adolescentes. Acompanhamos o seu percurso entre a Filosofia, a Psicanálise e o trabalho com crianças, que começou num pequeno consultório num espaço comunitário como tantos em nossa América Latina.

Conversa com Natalia Mudarra sobre este momento histórico, onde ela observa a redução da experiência humana à lógica do mercado e como ela atravessa a educação e as funções materna e paterna.

Finalmente chegam a uma ideia potente: Talvez seja uma desorganização que pode ser esperançosa se expandirmos para novas formas de relação, de práticas e ferramentas dentro da Psicanálise.

A partir de "Em Língua Viva: Fepal hoje", entregamos esta terceira conversação realizada entre Bogotá e a Cidade do Panamá. Trabalhar este material nos trouxe imagens sugestivas. Esperamos que isso ative suas próprias imagens de trabalho com pais, crianças e adolescentes na América Latina.

Assista ao vídeo no canal YouTube da Fepal:

21. O multiverso feminino

Cláudia Carneiro

Ser e tornar-se mulher é uma discussão que atravessa a história da psicanálise, marcada pelas lacunas que Freud nunca viria a preencher, e mantém-se como um tema que requer o olhar implicado e responsável dos analistas contemporâneos. Muitos avanços existem no debate psicanalítico sobre o feminino e feminilidade, produzidos pelo questionamento do lugar reservado à mulher na teoria freudiana. Mas lembremos que falar do feminino não se restringe a singularidades das mulheres; busca, também, um pensar sobre o feminino nos homens. Essa compreensão convoca-nos a um novo debate, o de que não apenas a subjetividade feminina, mas a própria condição objetiva da mulher na sociedade e no mundo deve receber uma atenção profunda e central da psicanálise contemporânea.

Os leitores vão encontrar em vários números da revista Calibán reflexões sobre o multiverso das singularidades da mulher, que Julia Kristeva chama de feminino transformativo, e, também, sobre seu avesso: a mulher não reconhecida como sujeito e sendo objeto da pulsão destrutiva e tanática de homens. A mulher e as mulheres em sua intimidade, beleza e condição estrangeira, como também em seu sofrimento, opressão e objetificação estão traçadas e desenhadas por diversos autores de Calibán. Mulheres refugiadas, maltratadas e torturadas, vítimas da misoginia e da crueldade de homens, mulheres violentadas e assassinadas, todas são protagonistas dos textos que sugerimos a seguir:

Calibán Excesso vol. 11 (2)

Liana Albernaz de Melo Bastos: *O excesso contemporâneo no corpo da mulher ou Nem toda brasileira é bunda.*

Calibán Desconstruir/transformar vol. 16 (1)

Patrícia Alkolombre: *Desconstruções e transformações da sexualidade: "Ela não é uma mulher de verdade. "*

Margarita Cereijido: *Mães solteiras por eleição e seus filhos: o evolver de sua subjetividade.*

Calibán FemininX vol. 17 (1)

Julia Kristeva: *Texto preparatório para Prelúdio a uma ética do feminino.*

Virginia Ungar: *Observações sobre o feminino e a condução de instituições.*

María Cristina Fulco: *Feminino - Feminilidade - Posição sexual: complexa construção.*

Raya Angel Zonana: *Mito e origem.*

Sandra Lorenzon Schaffa: *Marie Bonaparte versus Joan Rivière: uma só libido? Mascarada como paixão do significante.*

Parick Merot: *A feminilidade, entre homem e mulher.*

Zélia Duncan: *Eu e o feminino, ser e seus desafios, ser é desafio.*

Em Dossiê *Mulheres em exílio*, textos de:

Gabriela Levy: *Exiladas.*

Marie-Caroline Saglio-Yatzimirsky: *Mulher de pedra, mulher de prantos, mulher de revolta.*

Simona Taliani: *Restos generativos: Sobre repetição e exílios femininos.*

José Luis González Fernández: *Marie Langer: entre o luto e a vida, uma experiência do exílio. Viver o presente pelo futuro.*

Claudia Andujar: *Fugindo da Segunda Guerra Mundial: da Hungria aos Yanomami.*

Jobana Moya Aramayo: *Ser mãe quéchua em São Paulo: um depoimento.*

Calibán Paixão vol. 17v(2)

Laura Katz: *A ligação mãe-filha: uma harmonia impossível.*

Carla Rodrigues: *Misoginia, feminicídio, racismo, punitivismo: alguns significantes da violência contra as mulheres.*

Calibán #Fronteiras vol. 18 (1)

Alain Derbez: *Ser música e fazer música: ser mulher e fazer jazz.*

Calibán O infantil vol. 19 (1-2)

Em Vórtice: *Feminicídio: A violência que você não vê*, textos de:

Eloá Bittencourt Nóbrega e Wania Maria Coelho Ferreira Cidade: Editorial.

Regina Esteves: *Corpos femininos: Horizontes aniquilados.*

Rocío Franco e Elizabeth Haworth: *Os feminicidas: O mal-estar que nos habita.*

Sandra Gonzaga e Silva: Feminicídio: *O que a psicanálise tem a ver com isso?*

Dalia Guzik e Cristina Onate: *As vozes do silêncio: Por que falar de feminicídio?*

Ludmila Y. Mafra Frateschi: *A vida é real e de viés.*

Laura Ward da Rosa: *Paixões e feminicídio.*

Calibán Como faremos para viver juntos? vol. 20 (1)

Helí Morales: *Violência a céu aberto: Feminicídio e crueldade.*

A 13ª História do Rosto Humano (Os Portais de H.), 1991, detalhe, de Eugênio Dittborn. Airmail Painting No. 95. Pintura, costura e foto-serigrafia em 6 seções de tecido poliéster. 11 ft. 5 pol. x 18 ft. 4 pol. 6 envelopes de 24,2 x 16 pol. cada. Cortesia do Novo Museu de Arte Contemporânea, NY.

CONEXÃO FEPAL

#30

Julho 2023

RACISMO

Imagem da capa no TerReiRO dE Yiá (2021), de rOnA. Massa acrílica, tinta acrílica, lápis carvão e giz pastel. 1,60x1,56m.

EDITORIAL

22. Um mal-estar estrutural

Adriana Pontelli e Ana Valeska Maia Magalhães

Há diversos pontos de partida possíveis para analisarmos a História da América Latina e suas reverberações na atualidade. Na presente edição de Conexão Fepal o entrelaçamento de imagens e textos se deu impulsionado pelo mal-estar da fibra estrutural que continua a tecer os confrontos nas relações humanas em nosso continente: o racismo.

Diferente do que acontece na maioria das instituições psicanalíticas, o campo da arte tem desconstruído narrativas eurocêntricas e aberto espaço para trabalhos de artistas indígenas, LGBTQIA+ e afrodescendentes. Muitos desses trabalhos contemporâneos confrontam a hegemonia branca, expõem a violência do racismo e dão ênfase à malha multifacetada, política e crítica dos movimentos organizados na luta por direitos. Para a capa dessa edição de Conexão Fepal convidamos o artista rOnA (Instagram: @ronaartista) para contribuir com seu trabalho. "No TerReiRO dE Yiá" é uma pintura desenvolvida com técnica mista: tinta acrílica, massa acrílica, lápis carvão e giz pastel. Na obra observamos cores diversas, tons dourados e prateados, várias cabeças e olhares em soslaio representados. rOnA é um multiartista autodidata, e em seu desenvolvimento poético faz uma apropriação simbólica de festejos e religiosidades, como a Folia de Reis, o carnaval e o candomblé. Também elabora suas criações a partir de referenciais poéticos como oceanos e sonhos, sons e silêncios, infâncias e encantamentos. Inquieto, costuma dizer: "Arte pra mim é ação!".

Se a ação dá a tônica do fazer artístico, em nosso meio psicanalítico ainda é incipiente o reconhecimento do legado cultural africano e indígena. Estamos ainda impregnados da perspectiva colonial universal branca? Estamos cegos para a composição de nossas histórias plurais?

Nossa proposta com essa edição é pensarmos o racismo, sobretudo como o racismo se manifesta nas instituições psicanalíticas e quais ações antirracistas estão ao nosso alcance implementar. Nos atuais debates acerca do tema aponta-se para a necessária tomada de consciência, por parte dos brancos, de seus privilégios e a adoção de posturas responsáveis e de reparação após séculos de exploração, violência e extermínio de negros e indígenas em nosso continente. As sequelas colonialistas e escravocratas estão diariamente presentes no racismo estrutural e deságuam, inevitavelmente, nas sociedades psicanalíticas, compostas por uma esmagadora maioria branca.

Como psicanalistas, não podemos permanecer imóveis ou alheios à violência do racismo que devasta a vida e a dignidade de muitos seres humanos; por isso, decidimos abrir esta edição com o manifesto do Conselho Diretor (publicado em maio) em repúdio aos graves acontecimentos e às manifestações racistas que ocorreram recentemente.

Quatro psicanalistas compartilham suas reflexões em *Perspectivas.* Wania Cidade, atual presidente da Fepal, traz a indagação: "Psicanálise e Antirracismo: aliados?" Seu texto instiga pensarmos o movimento da clínica psicanalítica e a complexidade do racismo, do que se manifesta violentamente e o que fica encoberto, "atuando insidiosamente para manter a ordem social imutável". O incômodo e as reações de autodefesa dos brancos quando o assunto racismo está em ênfase reforçam a urgência de que essa realidade seja discutida nas instituições para que práticas antirracistas sejam efetivadas. Para Paola Amendoeira, pensar como psicanalistas sobre esse "sofrimento psíquico específico resultante de uma cultura estruturalmente racista" implica ações concretas, como demonstrado no compromisso assumido pela Comissão de Estudos Psicanalíticos sobre Racismo e Práticas Antirracistas. A partir do coração dessa experiência grupal, analisa as vivências suscitadas; daí o sugestivo título de seu trabalho: "O racismo, nossas Instituições e (in)quietas-ações". Por outro lado, Andrés Gautier Hirsch em seu artigo "Comentários sobre a obra de Carlos Macusaya: 'En Bolivia no hay racismo, indios de mierda. Apuntes sobre un problema negado'", propõe uma leitura de alguns dos eventos sociais ocorridos na Bolívia e no Peru nos últimos anos. Para isso, utiliza a ideia do "sujeito racializado" e o conceito psicanalítico de negação. Em "Colonização em América Latina", María del Carmen Cayupán também destaca esse conceito para se referir ao negacionismo que opera na população em relação a seus próprios traços de identidade, ligados aos povos originais.

"Um convite para trazer uma reflexão sobre racismo, sempre me leva a perguntar sobre o que se espera ouvir a este respeito", nos diz Sônia Beatriz dos Santos, antropóloga, professora, analista em formação do Instituto de Formação Psicanalítica da Sociedade Brasileira de Psicanálise do Rio de Janeiro (SBPRJ) e nossa convidada para contribuir em *Interseções*. Seu texto, "Reflexões sobre Racismo e Psicanálise", instiga um retrospecto da história psicanalítica com destaque para as contribuições de Sigmund Freud e Juliano Moreira em uma perspectiva racializada. A autora problematiza a tensão atual que permeia o debate sobre o racismo entre os psicanalistas. Observa "a dificuldade de colegas de suportar, escutar, elaborar e conviver com o fato de ser atingido(a) pelo mal-estar e horror que o racismo instaura em nossas mentes e corpos". Todavia, as possíveis alianças entre brancos e negros na luta antirracista passam pela suportabilidade desse mal-estar e reconhecimento por parte dos brancos de suas práticas racistas, para então desenvolverem ações de mudança.

Em *Conversações*, Diana Zac, atual Diretora de Comunidade e Cultura da Fepal, em diálogo com Alicia Ángeles Ramírez, nos conta como esta diretoria tem trabalhado em diferentes territórios da América Latina. Pensar Comunidade e Cultura na América Latina é adentrar em um locus de criatividade, polifonia e histórias plurais. Esperamos que apreciem a conversa.

Por fim, em *Marcadores de Calibán*, Alicia Briseno nos traz uma longa lista de autores e artigos sobre o assunto racismo, publicados em várias edições de nossa Revista Latino-americana de Psicanálise.

Encerramos nosso editorial com o convite à leitura da presente edição. Desejamos que este Conexão Fepal chegue aos leitores de nossas diversas Sociedades, promova o diálogo, amplie nossa escuta, enriqueça nosso pensamento e ajude a promover ações de inclusão social. As inúmeras histórias que compõem a trajetória latino-americana, ainda que tantas vezes mutiladas, fraturadas, apagadas pelo colonialismo, exigem, hoje, novas narrativas. Nesse sentido, Wania Cidade destaca em seu texto o convite para o curso de longa duração que terá abertura com uma Webinar no dia 12 de agosto: "Uma questão de cor: decolonialidade e psicanálise", coordenado por Maria José Tavares, membro da Coordenação Científica da Fepal. São vários pontos de partida em ação, para, nas palavras de Wania, "iniciarmos a construção desta demorada aliança".

MANIFESTO

23. Racismo e violência

Conselho Diretor

O Conselho Diretor da Federação Psicanalítica da América Latina - Fepal expressa e declara a sua preocupação e repúdio em relação aos graves acontecimentos e manifestações racistas que vêm ocorrendo em vários países.

Jogador de futebol brasileiro, de 22 anos, que tem sofrido reiteradamente agressões verbais e físicas durante partidas e campeonatos europeus, reagiu contra a violência a que foi submetido em campo. O ato de coragem e de resistência de Vini Jr ressoam em corações e mentes de outros jovens que vivem a opressão diária baseada na cor de sua pele. Jovens cujas vidas e sonhos existem sob ameaça.

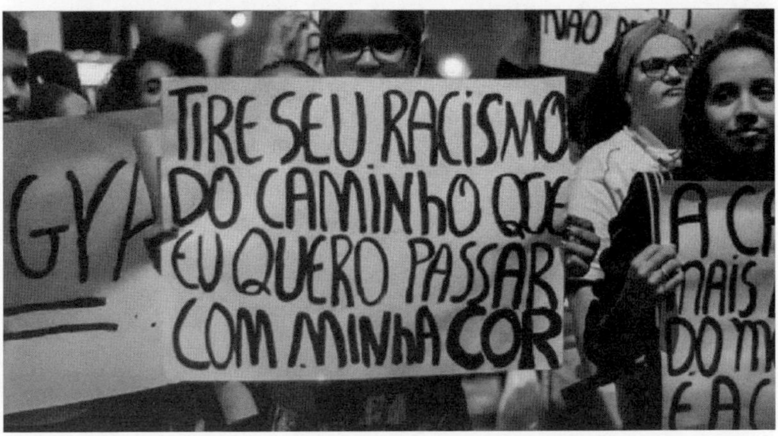

Tais fatos revelam a cegueira e a impunidade no campo esportivo, mas não somente. Trata-se da necessidade de conscientização e de reconhecimento dos efeitos nefastos do racismo e da violência vinculados ao pensamento colonial, que dizima populações, provoca sofrimento psíquico contínuo e fere o direito à vida e à igualdade de condições para todos.

O silêncio das instituições psicanalíticas precisa ser rompido para fazer frente aos acontecimentos de seu tempo, sem omissão, negação ou desmentida.

As perversas manifestações racistas exercidas contra pessoas negras, contra indígenas ou contra qualquer outro ser humano, exigem repúdio por parte da comunidade psicanalítica orientada pela ética que norteia o nosso ofício.

A Fepal se solidariza com as manifestações públicas contra o racismo estrutural e outras formas de opressão que violam os direitos democráticos.

PERSPECTIVAS

24. A psicanálise está alinhada às práticas antirracistas?

Wania Maria Coelho Ferreira Cidade

> *A crítica da modernidade estará inacabada enquanto não compreendermos que o seu advento coincide com o princípio da definição de raça e da lenta transformação deste princípio em matriz privilegiada de dominação ontem como hoje* (Mbembe, 2014).

Em psicanálise, no campo transferenciai, transitamos entre amor e ódio, vida e morte, tristeza e alegria, medo e coragem, abandono e receptividade, fantasia e realidade, no entre do psiquismo do analista e do analisante. Um ofício construído a cada encontro por sutilezas, silêncios, burburinhos psíquicos forjados pelo terror, pelas paixões, afetos em oposição à representação, excessos e a não representação, pelo vazio e pelo desejo. Conduzimos a aventura de investigar universos distintos.

O processo psicanalítico não transcorre calmo nem estabelecido, ele vai e vem no ritmo das ondas das pulsões, da experiência emocional da dupla, afetado pela força do desejo, pelo que pulsa inconscientemente no psiquismo humano, fazendo pressão para vir à consciência. Seguidores do rastro do não dito ou daquilo que explode por falta de continência, observamos a nós mesmos e o outro.

Nesta extraordinária e estranha caminhada, tornamo-nos pessoas afeitas à indagação do que vai na alma, do que move o ser humano e, por isso, o nosso olhar inquieto para os fenômenos da cultura, para o que nos cerca proximamente e na comunidade mundial.

O racismo é uma das manifestações mais complexas que enfrentamos no mundo moderno, pois ele é responsável pela violência, pela desigualdade, pela discriminação, por modos de relações nos quais o outro precisa ser excretado, aniquilado para a manutenção de uma estrutura de poder que mata e excluiu. Ao contrário do que admitimos, ele está entre nós, escondido, encoberto, disfarçado, atuando insidiosamente para manter a ordem social imutável.

As práticas do antirracismo são quase desconhecidas da psicanálise, embora seja a psicanálise internamente um campo aberto para a escuta, a investigação e a crítica da cultura. No entanto, a alienação e o descomprometimento estão relacionados à exclusão, às desigualdades e ao próprio racismo contra indígenas e negros existente nas estruturas dos países colonizados de maneira naturalizada e reproduzida no interior das suas instituições.

Este é um tema que está entre as preocupações da Direção da Fepal e que faz parte dos nossos projetos, desde o programa de gestão, justamente porque acreditamos que está tão emaranhado com a organização política, econômica e social da América Latina que precisa ser pensado em uma perspectiva transdisciplinar entre a psicanálise, a antropologia, a história, as ciências sociais e políticas e os campos interessados neste diálogo fundamental.

Situado em um contexto histórico-cultural limitado e repressor, Freud revolucionou a modernidade, influenciando enormemente outras escolas e o caminhar do século XX. Com sua ousadia e coragem provocou impacto profundo na compreensão do psiquismo humano. Entretanto, data também da Idade Moderna a criação das raças, então preconizada pela ciência com o interesse em dividir os sujeitos entre superiores e inferiores para que uns (não brancos, africanos, latinos etc.) servissem os outros (brancos ocidentais). Diga-se de passagem, no século XX, a própria ciência desconstruiu o conceito de raça, mas ele permanece vivo no imaginário social.

Assim, penso ser movimento natural da psicanalise expandir-se em observação da cultura e em permanente intercâmbio com ela, inclusive, para ampliarmos a compreensão do humano, considerando as marcas e os traumas de nosso continente que geram conflitos brutais, ainda na contemporaneidade, nas periferias de nossas regiões.

No cenário atual, é inadmissível o nosso silêncio em relação ao racismo, calar-se em face da intolerância que se exterioriza em vários segmentos da sociedade, no religioso, no político, no sexual, diante de qualquer diferença. O nosso compromisso transcende o consultório particular e é reivindicado contra qualquer tipo de violência, pois no rastro de um ato violento invariavelmente nos deparamos com o sofrimento psíquico.

A colonização foi implantada como um sistema perverso, cruel e desumano, que dizimou povos, idiomas e costumes, seguiu o seu curso por séculos explorando, violentando e desapropriando sujeitos de seus direitos de ser e de existir. Neste número de Conexão Fepal, tratamos de mecanismos discriminatórios bem-sucedidos, nos quais o Estado protegeu e assegurou os direitos de uma parcela da sociedade que, por sua vez, foi conivente com o sistema, em sua maioria, enquanto a outra parcela da população ficou alijada de sua cidadania com seríssimas repercussões para a coletividade, até os dias atuais. Refiro-me ao racismo embrião da colonização, que estrutura modos de relações de poder e que regula vidas; são métodos que marcam simbólica e socialmente os sujeitos não brancos, aqueles que estão fora do que foi estabelecido pelo Ocidente como norma universal. A mudança de paradigmas e o rompimento com o pensamento colonial também guardam certa violência, uma vez que estamos lidando com um sistema de privilégios do qual a parcela da sociedade que se beneficia dele não quer abrir mão.

Assim, as nossas instituições se tornaram brancas, e falar a respeito disto provoca sentimentos ambivalentes, gera inquietação e desgosto, por ser um assunto aparentemente alheio à psicanálise. Mas não nos interessa se temos um padrão homogêneo, composto por uma maioria de mulheres brancas, em média com 64 anos, dos centros urbanos etc.? (Dados da pesquisa realizada na gestão de Roberto Scerpella, Fepal, 2016). Como faremos para diversificar os ambientes psicanalíticos se não conversarmos a respeito disso? Esta não é uma questão para nós? Penso que sim e que precisamos agir.

Frantz Fanon (filósofo, psiquiatra e militante revolucionário) em suas investigações e prática clínica insistia em considerar, juntamente com a ontogenia e a filologia, a sociogenia, radicalizando na influência do mundo externo nas subjetivações. Não penso que isto seja novo para nós, o próprio Freud e alguns pós-freudianos consideram o meio ambiente na formação do sujeito, contudo, ele percebe a cultura colonial um fator doentio e causador do mal na sociedade, influindo também no adoecimento dos sujeitos (Frantz Fanon, 2008).

Algumas sociedades do Brasil (Sociedade Brasileira de Psicanálise do Rio de Janeiro, Sociedade Brasileira de Psicanálise de Porto Alegre, Sociedade Brasileira de Psicanálise de Ribeirão Preto), preocupadas com a inclusão e com o reconhecimento do racismo e das desigualdades, implantaram bolsas de estudos em seus institutos.

As discussões no interior das sociedades e a evidência do racismo em razão das informações que nos chegam pelos meios de comunicação vêm gerando mudanças importantes no cenário psicanalítico nacional, mas especialmente no Rio de Janeiro e no Rio Grande do Sul. Escolas, associações e círculos de psicanálise têm reproduzido a iniciativa da SBPRJ e criado projetos que visam à inclusão racial e social.

O fato é que basta olharmos para os lados que veremos como nossas organizações são elitizadas e desligadas da realidade social, embora haja subversão e grupos ou indivíduos conseguem criar janelas nestes espaços que se voltam para a comunidade em geral.

Mas o antirracismo pressupõe que este assunto esteja em pauta, sendo discutido e trabalhado nas instituições, admite e promove o acesso às obras afrodiaspóricas e indígenas, bebe nestas fontes para maior compreensão do que ocorre com a nossa população, escuta as vozes excluídas dentro de nossos ambientes, convida-as para nossas reuniões científicas. Enfim, esta é a aliança a ser construída.

Internamente a Diretoria de Comunidade e Cultura, coordenada por Diana Zac, em parceria com o Grupo de Estudos Psicanalistas na Comunidade, coordenado por Isabel Mansione, vêm trabalhando o tema. Em paralelo, a Coordenação Científica da Fepal, coordenada por Marina Massi, promoverá um curso de longa duração cuja abertura será um webinar: "Uma questão de cor: decolonialidade e psicanálise". O curso será coordenado por Maria José Tavares, membro da Coordenação Científica.

Que venham bons frutos!

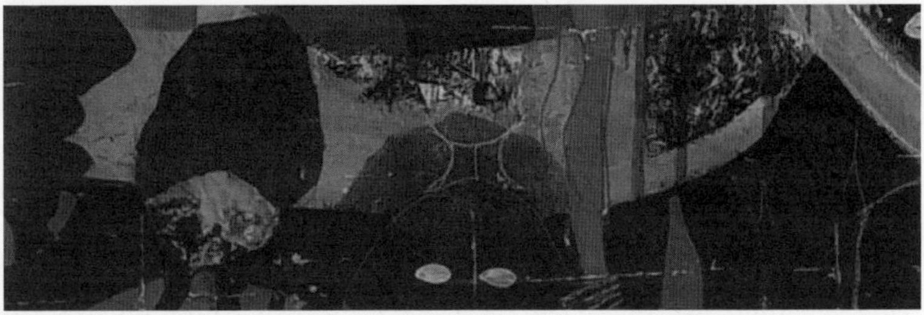

25. O Racismo, nossas Instituições e (in)quietas-ações

Paola Amendoeira

"Uma chama não perde nada ao acender outra chama"

Ana Maria Gonçalves

O livro *Um defeito de cor*, escrito em 2006 por Ana Maria Gonçalves, é uma verdadeira saga histórica e diaspórica africana que através dos 'riozinhos de sangue' – como Kehinde, a protagonista, ainda criança nomeava as violências e o sofrimento que vivia – conecta África e o vir a ser brasileiro e latino que somos e ainda não pudemos ser.

Ela dedica o livro aos avós, com o ditado: "Quando você segue as pegadas dos mais velhos, aprende a caminhar com eles". Aos amigos, com o ditado: "Amigo é como um vizinho quando Deus está distraído". E também dedica aos historiadores, escritores, professores, sociólogos, antropólogos etc., o ditado que está na abertura deste texto – todos provérbios africanos.

O recrudescimento da violência contra certos grupos sociais tidos como minoritários – que não só estão na base e na origem fundante da constituição do nosso país e da América Latina, como, também, representam a maior parte da nossa população, a saber negros e indígenas –, somado às questões de raça, gênero, sexo e concernentes aos direitos humanos estão em pauta e precisam ser pensadas pelos psicanalistas, posto que elas nos chegam cotidianamente por caminhos singulares e coletivos, como testemunhos de dores inomináveis que determinam um sofrimento psíquico específico resultante de uma cultura estruturalmente racista que alimenta, reproduz e perpetua uma ampla intersecção de preconceitos e estabelece a ordem do poder vigente. A todos estes, devemos um pedido de desculpas pela nossa demora em percebê-los e vê-los com e a partir da cor que têm e que muito falam da sua história, da pessoa que são e das contribuições que nos trazem.

Reconhecer e assumir a falha é mostrar que enfim percebemos as maldades que, se não fizemos, permitimos que se repetissem e perpetuassem por conta do nosso silêncio. É, também um passo importante que abre caminho para podermos reparar, consertar e nos melhorar para que sejamos verdadeiramente plurais e inclusivos quanto às diferenças. Essa sim a profunda vocação do nosso ofício desde o tempo das histéricas de Freud.

Em 2021, a FEBRAPSI sob a presidência de Cíntia Xavier de Albuquerque e através da Direção de Comunidade e Cultura, dirigida por Wania Cidade, constituiu a Comissão de Estudos Psicanalíticos sobre Racismo e Práticas Antirracistas, assumindo seu compromisso em:

- Aprofundar a compreensão do pensamento colonial, das relações raciais e do racismo estrutural no Brasil, visando maior compreensão sobre o tema no ambiente psicanalítico;

- Pensar em dispositivos que ampliem a aproximação da população negra e indígena do ambiente e do conhecimento psicanalítico;
- Trazer a riqueza da diversidade de pensadores da diáspora negra para o ambiente psicanalítico;
- Formular ações antirracistas.

A partir daí, todas as Sociedades e Grupos de Estudo, componentes da FEBRAPSI, foram convidados a nomear um representante que passaria a compor a Comissão com a sua presença nas reuniões.

A disponibilidade interna e emocional é intensamente mobilizada. Trata-se de um debate que para nós, brancos, e também para os negros e para os pardos, é sempre um confrontamento que muitas vezes nos levam, cada um, à exaustão das nossas capacidades de conter o volume desta intensidade e suportar a certeza de que dentro de nós se mantém ativo, sem que nós tenhamos muito controle sobre ele, um sistema racial que é ativado quando não esperamos, que nos pega de surpresa e revela a cada um de nós o racista que trazemos todos conosco internalizado.

Estar, permanecer, aguentar, suportar ficar no grupo, ouvir o que muitas vezes nos veste como carapuças, verdadeiras e graves acusações, são sentimentos que frequentemente alcançam um grau agudo de autoconsciência na dinâmica dos encontros que abordam as relações raciais e o racismo. É contundente a presença dessa experiência que impõe a tolerância a um grau de separação que é intolerável e que põe em movimento uma experiência de humilhação no campo narcísico. Nos sentimos mal, cada um, a cada momento que se tocam e levantam memórias particulares da nossa própria história. Estes grupos têm o potencial de se desenvolver como o espaço onde essas experiências podem ser compartilhadas, acolhidas e, algumas, acredito eu, reescritas.

A ansiedade de se ver e de estar sendo visto, apontado, discriminado, emerge internamente e fere o orgulho narcisista. Emoções tumultuosas podem surgir quando nos sentimos observados. Sobretudo quando essa observação aponta desvios, dificuldades e limitações ao invés de sentimentos agradáveis como orgulho, prazer ou gratificação.

Por isso, me parece ser tão difícil e pantanoso este terreno em que nos deixamos enfiar ao não nos enfrentar e não permitirmos o convívio de diferenças suficientes que nos ofereçam o espelho do que não somos. Preço alto que a colonização internalizada cobra às nossas instituições psicanalíticas.

Será possível a nós fazer deste limão, uma bela limonada? Ou, ao menos, uma limonada possível?

Nada disso é por acaso. Nada disso está fora do tempo. Mas, sim, como provoca Ignácio Paim, está atrasado, estamos muito atrasados.

De todo modo esse parece ser o nosso tempo. O tempo necessário para que a Psicanálise Brasileira e a Latino-americana enfim abrissem espaço para pensar pensamentos dolorosos que há muito se acumulam em nosso entorno, e que para serem ignorados cobram o preço altíssimo da limitação para o pensamento.

Onde já seu viu: psicanalista sem pensar pensamentos? Ou, a massa psicanalítica trabalhando para impedir e evitar que qualquer um possa também pensar esses tantos pensamentos?

Referência

Gonçalves, A. M. (2006). *Um defeito de cor*. Record. Acesso em 26 de junho de 2023, disponível em https://escrevivencia.files.wordpress.com/2014/03/um-defeito-de-cor.pdf

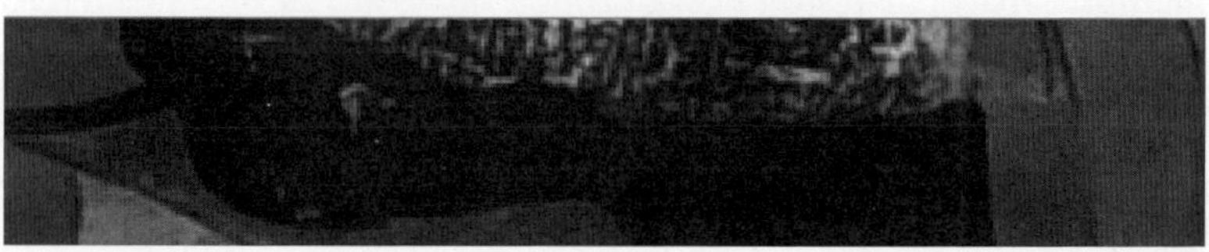

26. Comentários sobre a obra de Carlos Macusaya: "En Bolivia no hay racismo, indios de mierda". Notas sobre um problema negado

Andrés Gautier Hirsch

É a obra de um intelectual aimará que escreve a partir da implicação de quem vive o racismo cotidiano, como fez Frantz Fanon quando escreveu "Pele negra, máscaras brancas" (1952). Macusaya escreveu e publicou em meio a uma gravíssima crise política na Bolívia, marcada por uma polarização político-social cujo componente racial tem sido predominante desde outubro de 2019.

O racismo que surgiu então na Bolívia com um radicalismo insuspeitado é da ordem de uma patologia psicossocial de massa. Concordo com Macusaya quando diz, falando da repressão iniciada em novembro contra as populações indígenas de El Alto, da zona sul de La Paz e do Chapare: "assim como muitos alemães em seu tempo viram como justo o tratamento nazista aos judeus e até o celebraram, hoje na Bolívia é visto como justo e é celebrada a violência contra os índios" (p.. 105).

Carlos Macusaya introduz um conceito adequado para pensar; fala do "sujeito racializado", que é uma pessoa que recebe tratamento favorável ou discriminatório com base na categoria racial que a sociedade lhe atribui. Nossas sociedades são produtoras de sujeitos racializados. Não tenho conhecimento de uma sociedade que não os produza.

Sem ir mais longe, se penso na minha família, penso na minha mãe judia ateia que, desde os meus 10 anos de idade, frequentemente me contava quão inteligentes eram os judeus, e mencionava Einstein, Marx, Freud... Toda pessoa, querendo ou não, tem marcas racistas.

O século XIX até quis dar às teorias racistas existentes um valor científico. Era uma justificativa para a dominação colonial. As tendências racistas têm uma longa história na humanidade. Assim, no século IX – no início da reconquista da Espanha que estava sob o domínio dos mouros –, a nobreza espanhola pretendia ter "sangue azul", a fim de distinguir-se de mouros e judeus.

O que chama a atenção é que a maioria das pessoas nega seus traços racistas, seus sentimentos e pensamentos racistas, como Macusaya menciona no subtítulo de seu livro: "Notas sobre um problema negado". E é uma observação que não se aplica apenas à Bolívia. Albert Memmi observa no início de sua monografia sobre racismo, em 1982, que quase ninguém quer ser racista, mesmo que seu discurso possa ser racista. Ele também fala desse paradoxo que Macusaya indica com o título de sua obra: a negação de algo que o outro ostensivamente é. É preciso dizer que ser racista perdeu seus títulos de nobreza.

Falar de negação, como diz Memmi ou Macusaya, é tocar "um mecanismo de defesa". O ser humano, para se manter em equilíbrio, desenvolve desde muito cedo mecanismos de defesa que reprimem, esquecem ou negam. Essas tendências podem ser observadas em pessoas que não se sentem capazes de refletir sobre o que acontece com elas. Como o racismo é mal visto hoje, e possivelmente aos olhos da própria pessoa, quem terá essa força para poder se autoanalisar, querer reconhecer e analisar essa tendência? É como o alcoólatra que não reconhece seu alcoolismo.

Macusaya introduz em sua obra o conceito de "limites hierárquicos", a serem respeitados entre essas raças, entre os superiores e os inferiores. Quem não respeitar a hierarquia corre o risco de ficar exposto ao olhar que lhe diz: "Não passe dos limites"!

Foi o que aconteceu na Bolívia em novembro e dezembro de 2019, com mortos, feridos, detidos e torturados, com cidadãos de origem indígena sendo tratados como terroristas, criminosos e selvagens. Foi o que aconteceu também no Peru em dezembro de 2022 e janeiro de 2023.

Se o racismo é tão atraente para uma parte da população, é devido a uma necessidade, em grande parte inconsciente, de estar em uma posição de superioridade, de poder e querer defender essa posição. A atração de estar do lado do pai da horda primitiva, a identificação com o agressor é um pão cotidiano. É uma pulsão de vida que brinca com a morte.

Graças à colônia, o racismo foi naturalizado, como diz Macusaya. Nem o fim da colônia espanhola nem a República foram capazes de desnaturalizá-lo. A ficção racista no inconsciente individual e coletivo mantém seus títulos de nobreza.

Referências

Fanon, F. (1952/2009). *Piel negra, máscaras blancas*. Ediciones Akal.

Macusaya Cruz, C. (2020). *En Bolivia no hay racismo, indios de mierda – Apuntes sobre un problema negado.* Jichha.

Memmi, A. (1982/1994). *Le racisme.* Folio Actuel.

27. Colonização na América Latina

María del Carmen Cayupán

Em seu livro *El rugir de las multitudes*, Pablo Ramírez (2004) faz uma análise dos povos indígenas da Bolívia na atualidade, a partir da luta pela defesa de suas culturas, que foram desenvolvendo um idealismo multicultural. O autor destaca não só as palavras, mas também as ações transformadoras desses povos para resgatar sua história e cultura. Os movimentos indígenas multiculturais utilizaram símbolos dos distintos grupos, assim como de todos os grupos integrados, como a Wihpala do Qullasuyu (bandeira quadrangular de sete cores), os pututus (instrumento musical) e os ponchos vermelhos e verdes. Esses movimentos e seus símbolos permitem que as culturas e as línguas aimará e quíchua sejam atualizadas em homenagem aos heróis indígenas, como Katari Zárate, entre outros.

Na América Latina, foram configurados territórios com populações lideradas por indígenas que esgrimem os símbolos das comunidades. No entanto, originam-se territórios em conflito entre o Estado indígena e o poder local regional branco-mestiço, como é o caso dos "sem-terra". Certamente, ao surgirem espaços de confrontação, se exige que o poder – novamente colonialista – controle o setor indígena "violento" (como o descreve o poder político do Chile e da Argentina) cujos membros são tratados como criminosos.

A proposta de reconhecimento das diversidades culturais e da inclusão dos povos indígenas por alguns Estados torna-se uma afirmação desprovida de conteúdo, uma vez que o olhar para esses povos é aquele herdado da colônia, de um lugar onde sua organização social e sua cosmogonia são desconhecidas. Por exemplo, as mulheres marrones[1] (índias ou mestiças) pedem aos governos que lhes permitam dar à luz de acordo com sua cultura, usar a farmacopeia de seus ancestrais e transmitir sua língua e história.

A colônia determinou o futuro dos povos originários. O Ocidente apresentou-se como superior em seus conhecimentos. Culturalmente, os Estados são definidos como civilização, modernidade e racionalidade, incluindo escolas, hospitais e quartéis. No entanto, a dominação étnica vem sendo exercida desde a colônia, mergulhando a população indígena na pobreza, no trabalho escravo, na exploração do trabalho infantil e no trabalho arriscado.

Em seu artigo, Silvia Cusicanqui (2008) faz referência ao tratamento ultrajante dado aos indígenas por meio de frases discriminatórias, fruto da xenofobia: "Que cholo de merda!". "Agora, até os chefes de gabinete são índios puros". "Índios puros de jaqueta estão no Ministério". A autora diz que aqueles de ascendência indígena têm um coração esquizofrênico, dividido; por um lado, sentem orgulho e, por outro, autodepreciação, vergonha. O crioulo – mestiço de espanhol e índio – passou a odiá-lo ou eliminá-lo para ocultar por vergonha sua

---

1 "Identidad Marrón" é uma organização civil que denuncia e procura tornar visível a discriminação sofrida pelas populações indígenas, migrantes e camponesas na Argentina.

origem indígena. Podemos pensar em uma identidade negacionista de sua origem indígena. Na sua obra "Martín Fierro", José Hernández (assim como em algumas obras de Jorge Luis Borges) narra os ataques daqueles crioulos que usavam o facón, arma ocidental que chegou com os colonizadores.

Mesmo hoje, taxar alguém de índio é uma forma de insulto. Alguns estigmas que são atribuídos, por preconceitos, ao índio, nativo ou mestiço (por exemplo: ser vagabundo, que não gosta de estudar ou trabalhar), favorecem o ódio com relação às suas pessoas, por ser um "outro" distinto, e que tem que ser eliminado. Blanca Montevechio, psicanalista argentina, diz que algo que caracteriza nosso povo é a capacidade de negar o presente (sem o reconhecimento ancestral), com a incapacidade de resolver o futuro. O processo de transculturação mostra dificuldade na elaboração da identidade.

Referências

Mamani Ramírez, P. (2004). *El rugir de las multitudes: la fuerza de los levantamientos indígenas en Bolivia/ Qullasuyu.* Aruwiyiri.

Montevechio, B. (1999). *Las nuevas fronteras del psicoanálisis.* Lumen.

Rivera Cusicanqui, S. (2008). *Pueblos originarios y Estado. En Gestión pública intercultural.* Azul.

INTERSEÇÕES

28. Reflexões sobre racismo e psicanálise

Sônia Beatriz dos Santos

> *É a mais superficial das diferenças humanas, tem apenas a profundidade da pele. No entanto, como construção ideológica, a ideia de raça impulsionou guerras, influenciou a política e definiu a economia mundial por mais de cinco séculos (Portal Geledés, 2010).*

Um convite para trazer uma reflexão sobre racismo, sempre me leva a perguntar sobre o que se espera ouvir a este respeito. Percebo com certa frequência nas discussões entre grupos ou instituições a existência de uma concepção que se assenta na crença de que quando nos debruçamos sobre o tema do racismo e as questões que se originam a partir dele, tal empreendimento se dará sob uma perspectiva romantizada de que não vai haver conflitos entre nós, ou que não vamos nos frustrar; por outra lado tenho observado a dificuldade de colegas de suportar, escutar, elaborar e conviver com o fato de ser atingido(a) pelo mal-estar e horror que o racismo instaura em nossas mentes e corpos. No entanto, para nós pessoas negras tais estados de sentimentos não passam por uma possibilidade de escolha, tenhamos consciência ou não deste processo; estas emoções são vivenciadas no cotidiano e passadas transgeracionalmente.

Não há escapatória para quem entra em contato de fato com a realidade lancinante que é o racismo; ele nos deixa à flor da pele, asfixiados, consternados e para alguns de nós – que têm seu lugar no mundo marcado pela subalternidade racial –, esta conjunção de sentimentos é respirada, tornada conhecida, e experimentada desde o nascimento. É preciso salientar que muitos de nós temos podido sobreviver a estas comiserações até os dias atuais porque nossas(os) antepassadas(os) criaram resistências e caminhos resilientes que têm nos sustentado psíquica e fisicamente. Nossa adaptabilidade ao racismo – não confundam com conformismo – é uma tecnologia ancestral sui generis transmitida ao longo das gerações de afrodescendentes da Diáspora e da África. Neusa Santos Souza (2021) afirma que

> *Os antepassados ocupam um lugar privilegiado na história do negro, particularmente do negro brasileiro, substancialmente investidos de energia libidinal, suas palavras têm estatuto de verdade e força de lei, e seus projetos não realizados são o destino dos descendentes. Assim, essas figuras ancestrais – mais ou menos remotas – constroem o sistema superego ideal do ego, viabilizando a interiorização das exigências e ideias a serem cumpridos por filhos, netos, bisnetos, ad infinitum (p. 67).*

Isto posto, precisamos atentar para outra contribuição fundamental trazida por Isildinha Nogueira (2021), porque seu argumento nos chama para a ação contra o racismo:

> *Para a psicanálise, o sujeito se define como uma estrutura marcada pela descontinuidade entre consciência e inconsciência. Tal descontinuidade implica que a dimensão do*

> *inconsciente escapa à consciência e aos processos cognitivo-reflexivos que lhe são próprios. Nesse sentido, o sujeito é afetado pelos processos inconscientes que o habitam e sobre os quais não pode exercer um controle consciente (p. 71).*
>
> *O ponto de vista que pretendo tematizar diz respeito justamente a esse aspecto inconsciente em que o racismo se inscreve, tanto para os brancos quanto para os negros. E é esse fenômeno que faz com que os conteúdos inconscientes ligados ao racismo persistam, independentemente da realidade social e política. Ou seja, mesmo que, no campo social, político e jurídico, o racismo possa ser excluído, tal exclusão opera no plano da consciência dos indivíduos que não pode, por si só, determinar o campo do inconsciente (p. 71).*

Portanto, se como a autora demonstra, o racismo se inscreve no inconsciente do indivíduo, que por sua parte, não pode exercer um controle consciente sobre tal, devemos considerar que emerge desta problemática a necessidade de uma ação fundamental a ser desempenhada por psicanalistas e suas instituições no que tange ao enfrentamento do racismo, inclusive em sua dimensão patriarcal cis-heteronormativa. E considero que temos na cronologia da Psicanálise as bases para este compromisso, pois ela emerge na conjuntura da história do racismo, onde se desenvolviam discursos e práticas baseados na raça contra grupos e povos de origens não europeias em meados do século XIX: eugenia, darwinismo social e racismo científico; período no qual Freud (1856-1939) e Juliano Moreira (1872-1933)[1] nasceram e viveram suas infâncias, juventudes e parte da vida adulta.

1 Juliano Moreira foi um médico psiquiatra negro, frequentemente considerado o fundador da Psiquiatria e da Psicanálise no Brasil.

Tenho empreendido esforços para pensar a constituição da teoria freudiana e seus desdobramentos dentro deste contexto racializado, mesmo que tal aspecto não apareça nas obras do autor. Elisabeth Roudinesco (2016) demonstra que Freud apresentava em sua herança ancestral a experiência humana atravessada pela racialização de seus antepassados que vivenciaram as angústias da exclusão que marcava física e psiquicamente os sujeitos de pertencimento étnico-racial distintos do branco europeu. De modo que me intriga pensar por que ele não desenvolveu reflexões psicanalíticas em torno de questões raciais.

É, a partir do século XX que autores e autoras tais como Frantz Fanon, Neuza Santos Souza, Lélia Gonzalez, Isildinha Nogueira, Ignácio Paim Filho, Wania Cidade, dentre outros, vão nos despertar para pensar a psicanálise à luz da raça e do racismo. Destaco Lélia Gonzalez (1988) que vai buscar nos estudos da psicanálise as razões para o desenvolvimento da neurose cultural entre os brasileiros como uma consequência direta do racismo, pelo fato de o país negar suas origens "ladinoamefricanas" (p. 69).

Concluo reafirmando que os contextos das existências de Sigmund Freud e Juliano Moreira não podem ser ignorados sob o ponto de vista da história da psicanálise. Não é possível negligenciar que as primeiras teorias psicanalíticas foram formuladas por uma pessoa racializada e se expandiram pelo mundo; e tampouco não é possível não dar notoriedade ao fato de que elas foram introduzidas no Brasil por um homem negro originário das classes populares nascido antes do término do regime escravocrata no Brasil (ver Marinho, 2017, p. 90). Ambas trajetórias se constituíram em meio ao processo de racialização do mundo, afetando a vida de judeus, negros, povos originários, dentre outros povos não europeus.

Referências

A história do racismo. África e sua Diáspora. Esquecer? Jamais. (2010). Fonte: Portal Geledés: https://www.geledes.org.br/historia-racis-mo/?amp=1&gclid=EAIaIQobChMIr7jBqqek_wIVpkFIABo 94ga_EAAYASAAEgIocPD_BwE

Freud, S. (1914/2010). Introdução ao narcisismo. In *Introdução ao narcisismo, ensaios de metapsicologia e outros textos*. Companhia das Letras.

González, L. (en-jun de 1988). "A categoria político-cultural de amefricanidade". *Tempo Brasileiro*, 92 (n.93), 69-82. Acceso en 15 de junio de 2023, disponible en https://edisciplinas.usp.br/pluginfile.php/6409966/mod_resource/content/2/2.%20Lelia%20Gonzalez_A%20categoria%20pol%C3%ADtico-cultural%20de%20 amefricani-dade.pdf

Marinho, F. (2017). "O Precursor". *Revista Brasileira de Psicanálise*, 87-96.

Nogueira, I. B. (2021). *A cor do inconsciente: significações do corpo negro*. Perspectiva.

Roudinesco, E. (1944/2016). *Sigmund Freud na sua época e em nosso tempo*. Zahar.

Souza, N. S. (2021). *Tornar-se negro ou As vicissitudes da identidade do negro brasileiro em ascensão social*. Zahar.

CONVERSAÇÕES

29. Em Língua Viva: Fepal Hoje Entrevista com Diana Zac

Alicia Ángeles Ramírez

Diana Zac, psicanalista da APdeBA e diretora de Comunidade e Cultura da Fepal (2022-2024).

Alguns rios de trabalho comunitário na Psicanálise latino-americana foram descritos nesta entrevista por Diana Zac, atual diretora da área de Comunidade e Cultura da Fepal. Conta-nos como se vem trabalhando em diversos territórios de nosso continente nessa área, em equipe, como corpo pensante e sustentador de um trabalho que vitaliza tanto a Psicanálise de cunho latino-americano quanto nossa atividade clínica. Encontrarão também ecos do encontro "Diálogo entre Direitos Humanos e Psicanálise", que realizamos em abril passado. Ele já está acessível a todos em nosso canal do YouTube em português, espanhol e inglês.

Convidamos vocês para essa conversação feita a duas mãos entre Buenos Aires e Lima e esperamos que a encontrem tão substanciosa quanto nós.

Assista ao vídeo no canal YouTube da Fepal:

Marcadores de Calibán

30. Racismo

Alicia Briseño

O racismo como construção social foi criado para justificar o tratamento abusivo e desigual na exploração, escravidão, espoliação, perseguição etc. de outros. O racismo é baseado no pré-juízo, ou seja, em julgamentos feitos a partir do inconsciente, portanto, é difícil não apenas detê-los, mas também detectá-los em cada indivíduo.

Ao longo de dezoito textos, diferentes autores em Calibán nos apresentam algumas formas de racismo, discriminação e exclusão, questionando a psicanálise e os psicanalistas. Nos mostram, cada um a seu modo, as diferentes formas de racismo, o tema da branquitude, da discriminação, da misoginia e do classismo.

Calibán Poder vol.16 (2)

Wania Cidade e Jorge Kantor: *O racismo como fator clínico relevante: "Tenemos un problema".*

Iván Gutiérrez Cuadrado: *Racismo, um legado que produz identificações alienantes.*

Jorge Luyando Hernández: *Concepção do mundo e discriminação racial.*

Cyril Levitt: *Projeção paranoide como uma defesa contra sentimentos racistas e como identificação com o agressor: Um relato clínico.*

Lúcia Maria de Almeida Palazzo: *O medo na cena analítica: E se Calibán fosse africano?*

Margareta Hargitay Wieser: *Por que não falamos sobre racismo e discriminação na psicanálise? Nós, venezuelanos, somos bacanas.*

Gabriel Duques: *Angelus novus.*

Ney Marinho: *Racismo e o mistério da repetição.*

Alice Becker Lewkowicz: *Das rodas de conversa ao jongo: Da desmentida às mensagens cifradas.*

Calibán Paixão vol. 17 (2)

Carla Rodrigues: *Misoginia, feminicídio, racismo, punitivismo: Alguns significantes da violência contra a mulher*

Calibán O Infantil vol. 19 (1-2)

Josimara Magro Fernandez de Souza: *Sobre a branquitude em nossa clínica com crianças e adolescentes.*

Calibán Como vamos viver juntos? vol. 20 (1)

Cecília Moia: *Discriminação*

Ignacio A Paim Filho: *Racializando a psicanálise: Rompendo as fronteiras alienantes da branquitude.*

Wania Maria Coelho Ferreira Cidade: *Racismo, violência e trauma.*

Jorge Bruce: *A outredade maligna.*

José Enrique Galeano: *Heteronormatividade, discriminação e instituições psicanalíticas.*

Lúcia Maria de Almeida Palazzo: *Em que ponto estão os psicanalistas? Branquitude. Ação afirmativa. Nova ação psíquica.*

The garden of good and evil (2019), de Alfredo Jaar.

CONEXÃO FEPAL

#31

Outubro 2023

DIVERSAS CONFIGURAÇÕES SEXUAIS E DE GÊNERO

Imagem da capa Detalhe da pintura *Polimorfismo* (2023), da série "As Máscaras do Inconsciente". Técnica: acrílico e nanquim sobre tela - 0,70 cm x 0,80 cm. Autora: Carla Tomllenovich. Artista plástico, Graduada em Psicologia (UNC), Analista em formação (APC).

EDITORIAL

31. Para uma maior abertura na escuta

Adriana Pontelli e Ana Valeska Maia Magalhães

No livro *Las malas* (trad. portuguesa: *O parque das irmãs magníficas*), a escritora argentina Camila Sosa Villada cria uma narrativa autobiográfica com matizes de realismo fantástico e linguagem poética. Sua prosa nos introduz na história de um travesti que abandona uma vida no campo marcada por conflitos familiares para recomeçar em Córdoba. Um dos lugares favoritos da cidade é o Parque Sarmiento, frequentado por um grupo de travestis que se reúnem para enfrentar a violência cotidiana que atravessa o mundo LGBTQIAPN+. O livro revela a perda, a dor, a esperança, nos pega pela mão e nos oferece uma lupa para que possamos ampliar nosso olhar sensível para uma realidade marginalizada que existe para além da ficção.

Diversas configurações sexuais e de gênero é o tema atual do Conexão Fepal. Como nas edições anteriores, nossa equipe editorial aposta pela fertilidade dos diálogos com outros campos de produção de conhecimento. Nessa dinâmica, imagens e palavras compõem uma rede que convoca novas conexões, convida a olhar o mundo em seu caráter mutável, tensionando o que fora introjetado pelo tecido da cultura como convenção. Se a psicanálise abriu caminhos com a bissexualidade psíquica e a sexualidade perversa polimorfa, que novos passos devemos dar atualmente?

A capa desta publicação apresenta um detalhe da obra Polimorfismo, que faz parte da série "As máscaras do inconsciente" (2023), da artista Carla Tomllenovich, também psicanalista em formação (APC). A diversidade e sobreposição de planos, a representação na pintura onde outros corpos e sujeitos podem ser imaginados, o colorido multifacetado, o desejo. Ao longo de sua carreira, a artista foi aprimorando sua percepção do sofrimento alheio, explorando inicialmente a temática dos imigrantes, depois com elaborações estéticas de corpos fragmentados e rostos deformados. Ela experimenta continuamente, reinventa texturas e aumenta os aspectos sensoriais de sua obra. Com a psicanálise, diz, "o impacto do inconsciente produziu uma nova explosão nas minhas pinturas e a aposta foi feita em um forte diálogo entre a imagem, o inconsciente, o contexto e o outro/os outros". A arte é um convite, uma direção. A eficácia da imagem está no aguçamento do olhar, na descoberta de uma janela aberta para a surpresa de perceber que o que vemos, afinal, está olhando para nós.

Quatro *Perspectivas* iluminam o tema desta edição. Três delas destacam a necessidade de revisão do referencial teórico psicanalítico para repensar e acomodar em nossa clínica as diversas configurações sexuais e de gênero que exigem ser ouvidas. A pergunta de Natalia Mirza Labraga – em seu artigo *A sexualidade interpela novamente a psicanálise* – é um convite provocativo à reflexão: "Estaremos preparados para reinventar nossas formulações sem perder o potencial subversivo com que surgiram e sem perder sua capacidade heurística dentro da própria psicanálise?" Com argumentos sólidos apresentados em *Psicanálise e gênero: Escuta das dissidências e criação de uma nova epistemologia*, Mariana Pombo ressalta a importância de adotar uma perspectiva histórica da diferença sexual e de rever as marcas patriarcais, coloniais e heteronormativas na abordagem das experiências de dissidência e de mutação. José Galeano vai na mesma direção. O autor de *Notas sobre as configurações sexuais e de gênero diversas* propõe "ampliar o conceito de diferença como acesso ao campo simbólico e aos laços sociais, [e, assim] situar no campo da diversidade o que estava inserido no campo da psicopatologia". Esta seção culmina com o ensaio de Mónica Santolalla, intitulado *De lógicas, espaços e tempos justapostos. Sexualidades diversas.* No coração do texto bate com força uma ideia que a autora articula com sua clínica: "a convivência justaposta de identificações fragmentárias, heterogêneas, opostas, que não se resolvem umas pelas outras, mas buscam, atreladas ao desejo, uma convivência que implica luto, perdas (...) sem que seja necessário ou possível qualquer integração".

No texto de *Interseções* intitulado *Não fomos longe demais? Provocações em torno da linguagem inclusiva*, Luciana Almada e Facundo Boccardi – especialistas em Comunicação Social –, retomam o panorama da Revolução Francesa e o gesto político da ativista Olympe de Gouges, que fundamentou a linguagem inclusiva em sua crítica ao androcentrismo. No entanto, procuram "suscitar a reflexão, mais do que citar manuais de estilo". Nesse sentido, instigam um pensamento de "des-aprender os modos de produzir conhecimento", a partir da "tarefa contínua e sempre comovedora de construir (e nomear) outros mundos (im)possíveis ". Que estratégias temos para lidar com o pânico linguístico que insiste no binarismo? Como podemos "inventar outros usos imaginativos que não estão ligados apenas às palavras, mas também axs corpxs e aos prazeres"?

Na seção *Conversações* apresentamos um novo episódio do projeto "Em Língua Viva: Fepal Hoje". Nesta ocasião, o diálogo com a atual Diretora do Conselho Profissional da Fepal, María Pía Costa Santolalla (SPP), nos permite conhecer um pouco mais sobre as funções dessa área, as ações realizadas e as propostas para o futuro com relação ao desenvolvimento profissional, à preservação da ética e à geração de um espaço para pensar com outros colegas sobre os desafios que enfrentamos no exercício de nossa profissão.

Em *Marcadores de Calibán*, Samantha Nigri nos convida a navegar por artigos – publicados na revista – de autores latino-americanos que mergulharam nas profundas águas e no mistério "das sexualidades que nos são impostas, em um contínuo refazer-se".

Esperamos que essas interessantes contribuições cheguem até vocês, enriqueçam o pensamento, ampliem as perspectivas e contribuam para uma maior abertura na escuta.

PERSPECTIVAS

32. A sexualidade interpela novamente a psicanálise

Natalia Mirza Labraga

Para além das diferentes afiliações teórico-clínicas em que podemos estar inscritos, a sexualidade continua funcionando como um nó que resiste à diluição e que, entramado à concepção do inconsciente, põe em movimento a psicanálise e nossa prática como analistas. No entanto, no contexto atual, a mera referência a diversas configurações sexuais e de gênero já nos alerta a respeito de uma mutação, também controversa, um ponto de discussão aberto.

A partir de nossas práticas cotidianas como analistas, mas também de nossa inserção na *polis* e na cultura, somos atravessados por esses "novos" questionamentos e não podemos nos colocar em uma posição de exterioridade em relação às formas como se apresentam na contemporaneidade os erotismos, as paixões, as práticas sexuais e os posicionamentos identitários em torno do gênero, porque eles inauguram áreas inéditas não apenas da experiência subjetiva, mas também da teorização psicanalítica.

Se Freud, ou um certo viés de sua obra, atribuiu à diferença sexual a supremacia da anatomia, ele mesmo também pôde reformulá-la a partir da força da pulsão e sua implementação a partir das marcas do outro/Outro e de seu desejo inconsciente. Também é indiscutível que algumas de suas abordagens – como a universalidade do falo para homem e mulher, a constituição psíquica bissexual ou a concepção de masculinidade e feminilidade como construções teóricas de conteúdo incerto – ainda contêm um caráter inaugural revolucionário quando se trata de assinalar a abertura em relação a essas questões.

No entanto, a necessidade de uma revisão é inevitável, pois desde nossos binarismos homem/mulher, fálico/castrado, homossexual/heterossexual, até a impugnação das categorias e a defesa da ambiguidade do "gênero fluido" ou da transexualidade, o golpe é forte e a jornada é longa. Do corpo anatômico como real e a diferença homem/mulher como limite ou ponto de partida inapelável, ao corpo como pura construção cultural ou efeito performativo, onde nos situamos?

Com efeito, não se trata de evitar as difíceis encruzilhadas dos desenvolvimentos teórico-clínicos psicanalíticos em torno da noção de gênero, diversidade e diferença, castração e Édipo, entre outros, mas, justamente, de tentar abordá-los sem deixar de nos perguntar: Pode haver espaço para uma tentativa de pensar em profundidade, em termos meta-psicológicos ou de funcionamento psíquico, essas situações complexas, sem cair em categorias psicopatologizantes e sem nos perdermos em abstrações modelares universais, às vezes carregadas de juízo de valor?

Psicanalistas convocados a ouvir

Os dissidentes sexuais, os que não se conformam com o cânone, os que reclamam serem ouvidos desde lugares que não são moralizantes nem psicopatologizantes, têm dirigido severas críticas a um tipo de psicanálise muitas vezes situada em um lugar normativo e desqualificador. Essa é uma reclamação que precisamos ouvir.

É fundamental contextualizar, ademais, que são movimentos reativos que geralmente irrompem do insuportável das subalternidades, daqueles que foram descartados e considerados como desvio ou descarte, desde o "monstro que nos fala", como aponta Paulo Preciado[1], como impugnação que é gritado a partir de um lugar ativo de oposição militante às posições dominantes de séculos de patriarcado, falocentrismo e falogocentrismo. Portanto, para além da dimensão pessoal, estamos diante de um posicionamento que também é político (individual ou coletivo, pronunciado ou silencioso). Uma rebelião que envolve também a própria linguagem, não apenas em seu valor significante, mas como demarcação através da qual se propaga o poder hegemônico.

Precisamente, o surgimento da psicanálise está intimamente relacionado a essa possibilidade de rebelião contra a opressão dos discursos subalternos sufocados – como foram os dos corpos falantes das mulheres histéricas, que se fizeram ouvir em seu padecimento. Não obstante, também é verdade que não podemos ficar nesse ponto de origem, mas precisamos expandir e repensar as formas sempre renovadas de opressão, sofrimento, desejo e gozo. Porque, embora os processos de construção subjetiva, a partir da imersão violenta na linguagem e da divisão radical pelo inconsciente, suponham em si mesmos uma inscrição traumática de proibições e desejos nos corpos, isso não acontece sem atravessamentos sociopolíticos ou econômicos, que marcam alguns deles como "anormais" e excluídos. Além disso, precisamos pensar nas novas formas de opressão e violência que a sexualidade cria, em situações de abuso, maus-tratos e até morte, conjugadas com um erotismo sem "elaboração" ou amarras libidinais.

A partir dessas remoções, devemos ser capazes de nos perguntar: que revisões e mutações podem esperar nossas conceituações e nominações psicanalíticas? Estaremos preparados para reinventar nossas formulações sem perder o potencial subversivo com que surgiram e sem perder sua capacidade heurística dentro da própria psicanálise?

---

1 Alusão às palavras de Paul B. Preciado em intervenção na 49a Journées de l'Ecole de la Cause Freudienne, Mulheres na Psicanálise, novembro de 2019.

Obviamente, não se trata de transformar a psicanálise em plataforma para ativismos, porque há uma disjunção que é evidente: o terreno das lutas e das demandas políticas não é o mesmo da reflexividade conceitual, nem o da intimidade do erotismo ou da sessão de análise. E, embora todos estejam inevitavelmente entrelaçados, há aspectos que dizem respeito à cena transferencial em que analista e analisando parecem estar fora do tempo e do espaço. De qualquer forma, a posição incômoda e em permanente exercício de recuperação da função analítica, sempre abstinente, mas envolvida e localizada em seu contexto de enunciação, exige também que não se ignore um tipo de sofrimento que provém da condição de subalternidade e da discriminação, reduzindo suas manifestações a queixa neurótica ou fantasmas individuais.

O desafio seria justamente saber ouvir e acusar o golpe, sem perder o compromisso e o entusiasmo no que diz respeito à nossa prática como analistas, que não pode deixar de estar em relação com a ética da verdade do inconsciente. Porque, se a sexualidade nos faz pensar, falar e discutir com essa intensidade é porque continua sendo, em si mesma, um enigma insondável e insolúvel; porque leva consigo uma opacidade que não se pode evitar, senão, em todo caso, contornar na pequena cena única e sempre renovada – mesmo na repetição – de um encontro transferencial. Aceitar esse limite seria ao mesmo tempo uma condição e uma abertura para novas questões e revisões, reinventando tanto os termos quanto nossa própria tarefa, para continuar "estando" psicanalistas.

33. Psicanálise e gênero: escuta das dissidências e criação de uma nova epistemologia

Mariana Pombo

Presenciamos, na contemporaneidade, revoluções e transformações importantes nas relações entre os gêneros, nas identificações de gênero, nas experimentações corporais e sexuais e também nas formas de exercício da parentalidade. Os binarismos sexuais e de gênero, os papeis atribuídos à mulher e ao homem na sociedade e na família, a estrutura familiar nuclear e o pressuposto heterossexual do parentesco vêm sendo colocados na berlinda, seja por movimentos políticos, seja pelas próprias mudanças sociais, morais e científicas que vêm ocorrendo desde a segunda metade do século XX.

Nesse contexto, os corpos dissidentes do regime da diferença sexual tomam a palavra e se dirigem, inclusive e diretamente, a nós, psicanalistas. Foi o que fez, em novembro de 2019, o filósofo *queer* Paul B. Preciado, em uma conferência na Escola da Causa Freudiana, em Paris – conferência que foi bastante comentada no nosso meio psicanalítico e que no ano seguinte foi publicada em formato de livro, intitulado *Eu sou um monstro que vos fala* e endereçado aos psicanalistas.

Naquela ocasião, Preciado (2020) afirmou que a epistemologia da diferença sexual está em crise, em mutação. O que significa a diferença sexual estar em mutação? E, ainda, de que maneira essa crise anunciada nos interpela, na condição de psicanalistas, e nos exige revisões de nossas teoria e clínica? Antes de mais nada, esse anúncio traz consigo uma premissa fundamental, que, apesar de aparentemente óbvia, deve ser enunciada, porque ainda suscita bastante resistência no campo da psicanálise: trata-se da premissa de que a diferença sexual pode mudar, é mutável, e ainda, indo além, de que essa mutação é positiva, importante e deve ser acolhida por nós, deve nos animar a repensar a própria psicanálise enquanto discurso e prática.

Ou seja, ao defender que a diferença sexual está em mutação, nos afastamos de uma compreensão estruturalista da diferença sexual, sustentada por autores como Françoise Héritier (1996), que entende a divisão binária e hierárquica entre os sexos (masculino e feminino) como fundante do humano e da cultura, uma categoria insubstituível, da qual não se pode abrir mão, cuja mínima mudança ou é impossível ou é uma grande ameaça à ordem simbólica e à boa subjetivação.

Em contraposição à compreensão estruturalista, teóricos *queer* como Preciado (2002, 2020) e Judith Butler (1990/2013, 1993/2019) propõem que adotemos uma perspectiva histórica, isto é, que entendamos a diferença sexual como epistemologia historicamente construída, como dispositivo histórico, no sentido que Foucault (1976/2013) imprime ao termo quando fala de dispositivo de sexualidade, ou como uma máquina performativa – é de tanto performarmos masculinidade e feminilidade nos nossos rituais cotidianos, que produzimos a ficção de que existem, e sempre existiram, dois gêneros e dois sexos com atributos específicos.

E a adoção dessa perspectiva que pensa a diferença sexual como categoria histórica nos abre para duas possibilidades interessantes. A primeira é fazer uma genealogia dessa epistemologia, mostrando as marcas patriarcais, coloniais, cis e heteronormativas que ela carrega e como ela pode ser violenta e excludente com as dissidências sexuais e de gênero, como, por exemplo, as pessoas trans ou as que se reconhecem como de gênero não binário, as famílias minoritárias, e todos aqueles que não se enquadram nos esquemas de inteligibilidade produzidos por esse paradigma.

A segunda é abraçar a ideia da mutação, a possibilidade de essa epistemologia ser substituída por outra, não binária, não hierárquica, multiforme, em que a diferença sexual, tida como a diferença das diferenças, ceda espaço para uma multiplicidade de diferenças. É ao movimento de acolher a mutação e de se engajar na criação coletiva dessa nova epistemologia que Preciado (2020) nos convoca, depois de criticar que a psicanálise continua partindo do paradigma, binário e hierárquico, da diferença sexual para analisar os novos processos de subjetivação e acaba, com isso, reafirmando relações e posições relativas a sexo e gênero inscritas em uma época histórica específica, patriarcal e machista. Daí inclusive o autor chamar a psicanálise de ciência do inconsciente patriarcal-colonial.

E essa posição acaba também considerando quem não se conforma ou transgride determinadas “leis” tidas como estruturantes do psiquismo, quem não assume as posições sexuais “previstas”, como abjeto, não humano. Quando Preciado (2020) se dirige a nós, psicanalistas, dizendo que é um monstro que nos fala, ele também está denunciando que as pessoas trans, como ele, por serem dissidentes desse regime da diferença sexual, são colocadas na jaula da monstruosidade, e patologizadas por muitos psicanalistas: são ditas psicóticas, fora do sexo, incapazes de resolver o Édipo etc.

Desse modo, a provocação é para que reconheçamos que as normas antigas de gênero e inclusive certos dispositivos teórico-clínicos da psicanálise, como a primazia do falo, o complexo de Édipo, certos binarismos e hierarquias (masculinidade x feminilidade, função paterna X função materna), estão defasados e precisam ser questionados e renovados. Além disso, também é um convite para que escutemos as experiências de dissidência e de mutação, aprendamos com elas e criemos novas possibilidades de teoria e de escuta psicanalíticas que acolham particularidades de gênero, sexuação, sexualidade, cultura e raça (Ayouch, 2019). É claro que não se trata de invalidar a potência subversiva da psicanálise, mas de enfatizar que muitos conceitos têm uma inscrição histórica específica e necessitam ser repensados na atualidade para essa potência ser aproveitada ao máximo. Isso para que não sejamos o que o psicanalista Michel Tort (2019) chama de psicanalistas ventríloquos: psicanalistas contemporâneos que, diante do novo, continuam repetindo conceitos psicanalíticos antigos, como se eles fossem universalmente válidos, como se existissem fora da história...

Referências

Ayouch, T. (2019). *Psicanálise e hibridez: gênero, colonialidade, subjetivações.* Calligraphie.

Butler, J. (1990/2013). *Problemas de gênero: feminismo e subversão de identidade.* Civilização Brasileira.

Butler, J.. (1993/2019). *Corpos que importam: os limites discursivos do "sexo".* N-1.

Foucault, M. (1976/2013). *História da sexualidade 1: a vontade de saber.* 23 ed. Graal.

Héritier, F. (1996). *Masculin/Féminin I: la pensée de la différence.* Odile Jacob.

Preciado, P. (2002). *Manifiesto contrasexual.* Opera Prima.

Preciado, P. (2020). *Je suis un monstre qui vous parle.* Grasset.

Tort, M. (2019). *Las subjetividades patriarcales*: Un psicoanálisis inserto en las transformaciones históricas. Topía Editorial.

34. Notas sobre as configurações sexuais e de gênero diversas

José Galeano

O 35° Congresso Latino-americano de Psicanálise, que acontecerá no Rio de Janeiro em outubro de 2024, tem como proposta *"Intolerância, fanatismo e realidade psíquica"*, tema convocatório em meio a um mundo convulsionado, com exacerbação de discursos e práticas de violência e intolerância ao outro, ao diferente, entre os quais podemos incluir aqueles/as com configurações sexuais e de gênero diversas.

A proposta é, desde o interior da Psicanálise, revisar quais são nossos posicionamentos teóricos e clínicos sobre essa questão, quanta receptividade oferecem nossos dispositivos psicanalíticos à diversidade sexual e de gênero. Minha proposta é que, para que uma *Psicanálise latino-americana contemporânea* esteja à altura da época, faz-se necessário realizar um processo de revisão e desconstrução daqueles pensamentos que ficaram atrelados aos modos sócio-históricos patriarcais e heteronormativos.

A diversidade dos existenciários sexuais e de gênero nos convida a refletir sobre o valor atribuído à diferença *sexual* como determinante primário e fundamental da constituição do sujeito e sua equiparação com a diferença simbólica. Como diz Blestcher: "o fato de a diferença de sexos ter sido o parâmetro que, no contexto das relações familiares do século XX, articulou o sistema de bipartição de gêneros e suas assimetrias posicionais, não é comparável ao reconhecimento da alteridade e não pode ser identificado como a pedra angular de toda ordem simbólica" (2017, p. 42).

Portanto, um dos elementos a serem revisados em nosso corpus teórico é a *diferença sexual* como a única diferença possível, e propô-la antes como uma das diferenças, mas não a única. Ampliar o conceito de diferença como acesso ao campo simbólico e aos laços sociais – como enunciado por Glocer Fiorini (2015) – seria uma proposta, uma vez que a questão passa pelo reconhecimento do outro como semelhante. Essa ideia permite situar no *campo da diversidade o* que estava inserido no *campo da psicopatologia*, como a homossexualidade associada à perversão, e os existenciários trans associados à psicose.

Em relação à homossexualidade, encontramos na pena de Bleichmar (2005) um trabalho comprometido de redefinição da perversão como um modo de relação com o outro, que dessubjetiva e desmente a castração como desestimação do limite, que implica a presença do outro ser humano para o próprio gozo. Com essa definição, ele deixa claro que a homossexualidade não é uma categoria que alude à perversão, mas a um modo de escolha do objeto de amor.

Esse mesmo caminho de revisão corresponde aos existenciários trans, o que encontra ainda mais resistência dentro da Psicanálise. Para realizar esse caminho, penso que temos um trabalho árduo de questionamento do binarismo ainda vigente e da patologização de qualquer posição de gênero que não se encaixe nas classificações convencionais de masculinidade ou feminilidade. Isso implica não presumir que as identidades trans são falhas da constituição psíquica.

Dessa forma, pode-se afirmar que as formas de exercício da sexualidade ou os posicionamentos identitários não definem, por si só, a estruturação psíquica nem a eventual psicopatologia.

Nessa linha de pensamento, vale destacar também outro elemento para pensar o campo da diversidade sexual e de gênero: o closet (armário), como forte dispositivo de regulação da vida social que atua sobre as sexualidades, os desejos e os corpos dissidentes e participa dos processos de subjetivação, gerando sofrimentos psíquicos específicos (Tajer, 2020). Entender e compreender a experiência do closet em pessoas LGTBQ+ abrirá para nós um espaço de escuta que permitirá que pessoas ou pacientes expressem experiências que não puderam ser narradas antes.

A Psicanálise tem uma dívida com a diversidade, pois nem sempre ofereceu hospitalidade. Como diz Reitter: "que a teoria analítica elimine o lastro homofóbico (e eu diria transfóbico também) que ela contém depende exatamente do mesmo do qual depende o destino de cada análise: de que os analistas se deixem questionar, de que ouçam o que os analisantes têm a dizer em vez de se apegarem religiosamente à teoria, por mais interessante, valiosa e estimada que ela seja" (2018, p. 34).

Penso que nossa tarefa é abrir-nos à troca de novos pensamentos que nos permitam manter viva a psicanálise, de modo que nossa escuta possa continuar a acolher o sofrimento humano em sua diversidade e, segundo Bleichmar (2005), que sejamos dignos para o nosso tempo e que nossos escritos sejam honestos e avançados para a época em que vivemos.

Referências

Bleichmar, S. (2005). "La sexualidad a cien años de los Tres Ensayos". *Cien años de sexualidad* (Año 3, número 3).

Blestcher, F. (2017). "Infancias trans y destinos de la diferencia sexual: nuevos existenciarios, renovadas teorias". *Psicoanálisis y género: Escritos sobre el amor, el trabajo, la sexualidad y la violencia.*

Glocer Fiorini, L. (2015). *La diferencia sexual en debate: cuerpos, deseos y ficciones.* Lugar Editorial.

Reitter, J. (2018). *Edipo gay. Heteronormatividad y psicoanálisis.* Letra viva.

Tajer, D. (2020). *Psicoanálisis para todxs: Por una clínica pospatriarcal, posheteronormativa y poscolonial.* Topía Editorial.

35. De lógicas, espaços e tempos justapostos: sexualidades diversas

Mónica Santolalla

Nas últimas décadas do século passado – e em franco desenvolvimento neste século –, tornou-se evidente no cinema, nas pinturas urbanas e nas comunicações de massa que as narrativas desafiam a cronologia, para dar lugar a uma infinidade de mundos fragmentários e descontínuos.

Lembro-me de que em 2010, na Argentina, um comercial de cerveja comemorava o Bicentenário da República sobrepondo os tempos e dando vida possível àquele interstício entre eles: os tempos da Revolução de Maio com os tempos atuais. O comercial tem um significado possível, desde que se conheça a história do meu país, mas para quem não a conhece, os significados podem ser provavelmente diferentes. Convido você a ver o anúncio no link indicado no pé de página, certamente surgirá uma pluralidade de traduções.

Essa comunicação de massa me permite abrir um caminho possível para apresentar algumas ideias que foram amadurecendo em minha clínica e com as quais minhas pacientes trans colaboraram muito: *a convivência justaposta de identificações fragmentárias, heterogêneas, opostas, que não se resolvem umas pelas outras, mas buscam, atreladas ao desejo, uma convivência que implica luto, perdas e tenta, na maioria das vezes, ser pacífica e produtiva em sua conflitividade sem que seja necessário ou possível qualquer integração.*

Proponho colocar essas ideias em prática a partir de algumas perspectivas que apresento a seguir.

Mobilizar as identificações: "Que meu filho não tenha que militar sua vida..."

"Celeste", referencial da comunidade trans em Córdoba, está prestes a se tornar mãe, junto com seu parceiro, Matías, homem trans com quem vive há alguns anos. Ambos estão muito animados porque foi uma gestação muito procurada, em um processo em que ambos tiveram que interromper seus tratamentos hormonais.

À pergunta: "O que você sonha para o seu filho?", a primeira coisa que Celeste diz é: "Que ele não tenha que militar sua vida como eu tive que fazê-lo. Que ele se preocupe com os exames e não com qual banheiro usar na escola, ou que não tenha que sofrer se impedirem algum de seus colegas a relacionar-se com ele porque tem pais trans" (s/a, 2019).

Militância é uma palavra derivada do latim "militaris" (Corominas & Pascual, 1991-1997), usada como substantivo ou adjetivo, para designar um esforço relacionado à guerra, seus ataques ou defesas. A militância nos remete a lugares onde habitam as identificações, mesmo quando seja impossível confirmar que tais ou quais identificações possam ser verificadas.

Na minha clínica, a militância é acolhida de forma bastante privilegiada, tentando situá-la em várias encenações fantasmáticas que, como sugeriram Laplanche e Pontalis (1986), não são objetos de desejo, mas constituem o palco para o desejo, "encenação e dispersão do sujeito em uma variedade de posições identificatórias". Esses cenários ou ambientações podem ocorrer, contanto que o objeto original tenha se perdido irremediavelmente e, consequentemente, as fantasias que sustentam as identificações possam emergir, em palavras. Na clínica, surgem fantasias que recusam os mandatos identificatórios e necessitam de espaço e tempo para emergir do mutismo.

As identificações não são metas terapêuticas a serem alcançadas, são espaços subjetivos que precisam ser trabalhados para que não permaneçam fixos, criptografados, de modo que permitam um certo desapego identificatório. Não estou com isso justificando a heteronormalização; nesse sentido, é imperioso que o analista seja cuidadoso de sua própria ideologia psicanalítica.

Diversidade e diferença: "Meu nome é Flor, mas não me esqueço de Valen"

Conheci Valentín quando já havia começado o tratamento hormonal, e foi durante a análise que foi surgindo a construção de Florência.

Ambos os nomes – o atribuído e o escolhido – fluíram na análise até o momento em que Florência começa a despir Valentín, e a transição, impulsionada por estrogênios, progesteronas e desejo, vai posicionando Florência. Essas migrações foram presididas por angústias múltiplas, forças heterogêneas irredutíveis a uma única identidade, língua, cultura ou nome. O uno era o perdido.

À medida que os hormônios faziam seu trabalho na voz, a sonoridade ia mudando. No início de cada sessão, o tom das primeiras palavras proferidas orientava, como uma bússola, se eu falaria naquele dia com Valentín, com Florência, com ambos ou nenhum deles.

No entanto, a experiência trans, de passagem, é nômade e a bússola sonora deixou de ser eficaz, à medida que a desconstrução da voz se aprofundava, transformando-se em novas sonoridades. "Meu nome é Flor, mas não me esqueço de Valen", repetia. Florência emergiu do corpo de Valentín, assinou a autorização para a certidão de nascimento, com um novo nome legalizado em uma nova carteira de identidade nacional. Nesse momento, o lapso fez sua aparição, mas não do lado do paciente, e sim do lado do analista. Valentín foi nomeado na voz da analista, que tropeçava com as revoluções invisíveis, as transformações sem data de início ou expiração pelas quais Florência estava atravessando. Na clínica, carregando meus lapsos, me vi confrontada com meus preconceitos, meus limites ideológicos e minhas marcas heteronormativas: o trabalho de desidentificação faz parte do devir do paciente, mas também do analista.

Muitas vezes, de forma coloquial, o diverso" e o diferente" são usados de forma intercambiável. Ambos são conceitos polissêmicos, são lógicas paralelas, heterólogas, mas não são a mesma coisa; compartilham, no entanto, a função de serem constitutivas das subjetividades.

Entre a diferença e a diversidade, abre-se um campo ambíguo, mas fecundo, a ponto de Laplanche ter se perguntado, certa vez, se se justificava todo o ruído feito em torno dos termos "diferença" e "diversidade" (Laplanche, 2003).

Essa diferenciação abre as portas para a complexidade do trabalho subjetivo de admitir que restrições profundamente arraigadas podem ser colocadas em termos de limites simbólicos, pressões simbólicas que são exercidas sobre o devir sexuado, sempre indócil e desconforme.

Se concordamos que a subjetividade se constitui em colisão e superposições heterogêneas, podemos então pensar que as apresentações mutáveis da sexualidade não são necessariamente um ataque a uma determinada ordem simbólica, tal como foi sustentado por Balandier (1988), e posteriormente por Leticia Glocer (2015).

As configurações sexuais e as configurações de gênero são configurações diferentes; nesse sentido não são diversas, uma vez que a diversidade se refere a derivas variadas de um mesmo ponto de partida. A diversidade é encontrada em cada uma das configurações identificatórias. É exatamente nesse ponto que surge a ideia de *lógicas, espaços e tempos justapostos.*

Referências

Balandier, G. (1988). *El desorden. La teoría del caos y las ciencias sociales.* Gedisa.

Corominas, J. & Pascual, J. A. (1991-1997). *Diccionario crítico etimológico castellano e hispánico.* Gredos.

Diario *La Voz del Interior* (13 de octubre 2019). Recuperado de: https://www.lavoz.com.ar/ciudadanos/una-segunda-familia-para-nineces-trans/

Glocer Fiorini, L. (2015). *La diferencia sexual en debate: Cuerpos, deseos y ficciones.* Lugar Editorial.

Laplanche, J. (2003). *Castración. Simbolizaciones: problemáticas II.* Amorrortu.

Laplanche, J. & Pontalis, J-B. (1986). "Fantasy and the origins of sexuality". In Burgin, V.; Donald, J.; Caplan, C. (ed.). *Formations of Fantasy.* Methuen.

Publicidad Quilmes Bicentenario argentino (2010). Recuperado de: https://youtu.be/d_e4pohmwoo?si=wgP20QcvTpJT4svB

INTERSEÇÕES

36. Não fomos longe demais? Provocações em torno da linguagem inclusiva

Luciana Almada e Facundo Boccardi

> *A transformação das relações econômicas não é suficiente. Temos de levar a cabo uma transformação política dos conceitos-chave, ou seja, dos conceitos que são estratégicos para nós. Porque há uma outra ordem de materialidade que é a da linguagem, que é trabalhada, de dentro para fora, por esses conceitos estratégicos. Ao mesmo tempo, ela está diretamente ligada ao campo político, no qual tudo o que diz respeito à linguagem, à ciência e ao pensamento, refere-se à pessoa como subjetividade e à sua relação com a sociedade. E não podemos deixar isso ao poder do pensamento heterossexual ou pensamento da dominação (Monique, 2006).*

Há alguns anos, Gabriel Giorgi se perguntava: "O que podemos aprender com essa arrepiante aceleração da violência e da linguagem que do Brasil, e sob o nome de "Bolsonaro", está abalando toda a região?" (Giorgi, 2018). A interpelação adquire uma atualidade suspeita em nosso contexto e a desculpa deste ensaio nos permite, mais do que afirmar, questionar sua frase final: Não fomos longe demais?

O dia em que Olympe de Gouges inventou a linguagem inclusiva

O feminismo, tal como o conhecemos, ainda não existia, mas podemos identificar um gesto profundamente político e revulsivo que funda uma crítica ao androcentrismo linguístico que ainda permanece vigente. Em 1791, Olympe de Gouges redigiu a *Declaração dos Direitos da Mulher e da Cidadã*, produzindo uma poderosa ação de política linguística que acabaria por lhe custar a vida[1]. Com esse gesto, Olympe questionou o alcance universal do termo "homem" inscrito no texto fundamental da Revolução Francesa – a *Declaração dos Direitos do Homem e do Cidadão* – e, assim, denunciava que todas as mulheres se encontravam excluídas de tais direitos. Essa luta pela equidade "formal" entre homens e mulheres será posteriormente retomada e aprofundada nas correntes reconhecidas como "feminismos da igualdade".

Nas coordenadas atuais, podemos sentir que esse fato carece de radicalidade, pois ainda mantém a legibilidade da estrutura binária; no entanto, a operação de Olympe encontra-se, sem dúvida, entre as condições de possibilidade das contendas atuais.

Criatividade erótica da linguagem, ou da língua?

Se as políticas do conhecimento são políticas sexuais, os debates em torno da linguagem inclusiva nos convidam a pensar como o trabalho

1 Dois anos depois, Olympe Goivas foi condenada à morte e guilhotinada em Paris pelos revolucionários franceses.

intelectual, no sentido ético-político-ativista-acadêmico-afetivo, pode ser um modo de luta pela justiça erótica, nos termos de Gayle Rubin (1989). Uma maneira criativa/reativa de expandir/dilatar a linguagem (pedagógica) como atividade erótica e teórica.

O texto que compartilhamos tem como objetivo agitar o pensamento, mais do que citar manuais de estilo. Uma contaminação/contágio/infecção entre os saberes e práticas de "isso" que não sabemos como abordar, nomear, escrever/inscrever na linguagem, como teorizar, pronunciar, tornar visível. Já em 2018, val flores nos fazia perguntas a propósito de como imaginar a política da língua (ou da linguagem?):

Que vocabulários utilizamos e que gramáticas produzimos em nossos discursos, práticas e silêncios dentro de um espaço institucional que promove a padronização e higienismo da linguagem pedagógica, extinguindo seu potencial poético, político e estético? Que escritos educacionais sacodem a gestão técnica da palavra e sua racionalidade instrumental que continua aniquilando nossas vidas como sapatão, intersex, bichas, loucos, travestis, trans, bissexuais, mulheres, chongas[2], gêneros fluidos, apagando as memórias de nossas lutas e silenciando os saberes construídos na deambulação de nossas dissidências?

Na dis-puta ligada a des-aprender os modos de produzir conhecimento, de/nas instituições e na contramão da corrente das pessoas, nas salas de aula, nos museus, nas casas, nas ruas e nas camas, entendemos esse debate não como propriedade de linguistas ou especialistas nos "usos corretos segundo a RAE",[3] mas como a tarefa contínua e sempre comovedora de construir (e nomear) outros mundos (im)possíveis.

---

2 A palavra "chonga", utilizada na Argentina, costuma ser associada à masculinidade lésbica, mas não se reduz a isso. (Cf. Tron & flores, 2013).

3 (NdT) A Real Academia Espanhola (RAE) é uma instituição cultural espanhola dedicada à regularização da linguagem por meio da promulgação de regulamentos destinados a promover a unidade linguística nos vários territórios que compõem o mundo hispanófono.

Não somos (tão) ingênuxs. Sabemos que vivemos em um ambiente feito de/por normas (os rótulos, os estereótipos e os diagnósticos), é assim que conhecemos o mundo e é aí que são debatidos não apenas os jogos de saber-poder, mas também toda uma bateria de sensibilidades que tecem o social cotidianamente. A letra da lei, outro exemplo muito claro do *que as palavras fazem*. A linguagem, assim entendida, não (só) descreve um mundo que o precede, mas que (também) o produz, o prescreve. Esse modo de conhecer é sexuado, generizado e ordenado por meio de mecanismos linguísticos que distribuem diferencialmente a inteligibilidade (Butler, 2007). Nesse sentido, talvez seja oportuno fazer uma rápida revisão da transição entre pensar alternativas de linguagem não sexista ou com perspectiva de gênero, para um trans-bordamento proposto por esses debates sobre linguagem inclusiva / incisiva / (im)própria / incômoda / irredutível / intraduzível, que nada mais é do que a evidência de que as coisas não estavam bem como estavam, não eram suficientes, e que possibilitar esses deslocamentos (desestabilizar as formas hegemônicas de conhecimento), em uma discussão crítica, tenta inventar outros usos imaginativos que não estão ligados apenas às palavras, mas também axs corpxs e aos prazeres.

A língua tem claramente muitas camadas, e isso pode confundir. Além disso, seus usos são polivalentes. Pode parecer estranho, portanto, que aquelas posições conservadoras que se levantaram impetuosas contra o desdobramento linguístico (os/as) para blindar a língua da ameaça feminina, depois o reivindicaram como antídoto contra as propostas que corroem os binarismos. O pânico linguístico primeiro tentou proteger o masculino universal, agora tenta manter a estrutura binária, mesmo que tenha que se subjugar a "todos e todas". Mas talvez o debate esteja se desenrolando em vários níveis, quiçá não seja uma investida racional, voluntária e soberana contra a estruturalidade do cis-tema da língua, mas que todes es garotes (simplesmente) falam e escrevem mostrando, uma vez, e outra vez, as falhas da inteligibilidade. A língua é uma arena de luta, mas sua história não segue a linha reta da emancipação progressiva nem obedece diretamente a vontades organizadas.

A língua pertence a quem a trabalha

Em um texto de 2020, Sofía Caballero Menas e Patricia Bandín explicitaram o vínculo problemático no (ab)uso que os discursos contra a linguagem inclusiva fazem da língua de sinais, nomeando-a como a "verdadeira" linguagem da inclusão. "Nada de nosotrxs sin nosotrxs"[4] é um dos slogans que a Comunidade Surda repete na hora de mostrar os diferentes modos de apropriação cultural, e a associação com a "língua de sinais" é incorreta em vários sentidos. Por um lado, desconhece que é a língua natural própria de uma comunidade específica, não é universal e seus significantes se organizam em uma materialidade visuo-espacial (Caballero Menas e Bandín, 2022, p. 41). Por outro lado, é um exemplo claro de uma atitude audista: apesar da "boa vontade" de uma pessoa em promover o aprendizado da língua de sinais, desde uma total falta de conhecimento e desde um lugar de suposta superioridade, se fala em nome de e se desconhece a agência e a luta das Pessoas Surdas.

Seguindo Mauro Cabral (2011), essa ferida na página, essa irrupção das grafias e, x, *, entre outras, que não tem pronúncia, que salta para fora da linha, que parece uma estrela ou um buraco, incomoda não pela sua forma, mas pelo seu conteúdo. É a sexualidade transformada em palavra, esse nó que se ajusta toda vez que o que se perde ou se torna difuso é a fronteira que pode nos colocar em uma ou outra caixa, quando a demarcação sexo-genérica se torna fluida, líquida, saliva. É a Educação Sexual Integral exigida pelxs criançxs, que se

4 (NdT) "Nada de nxs sem nxs". Diferentemente do português, em espanhol, o pronome da primeira pessoa do plural possui gênero (nosotros, nosotras).

infiltra no debate. Como animais sexuados/sexuais, a linguagem inclusiva poderia se tornar um buraco para incluir o prazer de/na palavra, e não apenas a correção política ou uma nova norma linguística.

Coda

Diz-se, hoje, que os tempos que atravessamos são obscuros, que os feminismos foram longe demais e que se aproxima um futuro de descida rumo à lamentável perda de legitimidade. Algo disso pode ser sentido nas ruas. Podemos pensar que os feminismos devem combater a ignorância do conservadorismo com a claridade de pedagogias iluminadoras em favor da inclusão. Mas talvez, como disse Luce Irigaray (2007), não se trata de deixar a caverna, mas de mergulhar cada vez mais em suas profundezas. Talvez não tenhamos que fundar novos protocolos mais justos, mais claros e mais inclusivos, mas enlamear essas línguas, que também são corpos, nessa escuridão que esbate os limites das identidades.

Referências

Butler, Judith (2007). El género en disputa. *El feminismo y la subversión de la identidad.* Paidós.

Caballero Menas, S. & Bandín, P. (2020).“¿Qué relación hay entre el lenguaje inclusivo y la lengua de señas argentina (LSA)?” *Lenguaje inclusivo: ¿cómo, por qué y para qué?* Recuperado de: https:/’ffyh.unc.edu.ar/publicaciones/2022/09/09/novedad-editorial-lenguaje-inclusivo-como-po r-que-para-que/

Cabral, M. (2011). “*Por qué el asterisco”. *Página 12*. Recuperado de: https:/’www.pagina12.com.ar/diario/suplementos/soy/subnotas/2134-192-2011-09-30.html

flores, val. (2018). "La pregunta como sabotaje epistémico". *PRE--CONFERENCIA CLACSO 2018 - Pensamiento(s) del Sur: miradas epistémicas descentradas, en diálogo y en fuga*. Jornadas de diálogo y discusión interinstitucional. 23 y 24 de agosto de 2018. Ciudad Universitaria, Universidad Nacional de Córdoba. Recuperado de: http:/'escritoshereticos.blogspot.com/2018/08/la-pregunta-como-sabotaje-epistemico.html

Giorgi, G. (2018). "No fuimos demasiado lejos...recién empezamos a movernos". *Página 12*. Recuperado de: https://www.pagina12.com.ar/150953-no-fuimos-demasiado-lejos

Irigaray, Luce (2007). *Espéculo de la otra mujer*. Akal.

Rubin, Gayle (1989): "Reflexionando sobre sexo: notas para una teoría radical de la sexualidad". In Vance, Carol. *Placer y peligro: explorando la sexualidad femenina*. Revolución

Tron, F. & flores, v. (2013). *Chonguitas: masculinidades de niñas*. Neuquén: La Mondonga dark 2013. Disponible en https://www.bibliotecafragmentada.org/wp-content/uploads/2013/02/Chonguitas.-Masculinidad es-de-ni%C3%B1as.pdf

Wittig, Monique (2006). *El pensamiento heterosexual y otros ensayos*. Egales. p.127.

CONVERSAÇÕES

37. Em Língua Viva: Fepal Hoje entrevista María Pía Costa

Alicia Ángeles Ramírez

María Pía Costa, psicanalista de SPP e diretora do Conselho Professional de Fepal (2022-2024).

O Conselho Profissional é uma área dentro do Conselho Diretor que está ligada ao cuidado dos membros federados e da profissão. É uma função promissora, que precisa de nossa participação para atingir esses objetivos. María Pía Costa Santolalla, Diretora dessa área, nos conta de Lima sobre o trabalho que vem realizando com representantes das associações, criando um espaço de intercâmbio para conhecer as realidades dos psicanalistas nas diferentes regiões e suas necessidades. Ela gentilmente nos recebeu e nos contou sobre sua própria abordagem nessa área, sua necessidade de adicionar trabalho em equipe e diversidade latino-americana ao seu trabalho no Conselho Profissional.

Essa área é um espaço de construção conjunta para a melhoria das condições de trabalho e profissionais, como a revisão de um código de ética, formação contínua, programas de bolsas de estudo para enfrentar o ataque da crise econômica, apoio em situações como migração ou aposentadoria, tensões diante da polarização política em nossa região. Aprender mais sobre o Conselho Profissional foi uma experiência encorajadora para nós e esperamos que seja a mesma coisa para você.

Assista ao vídeo no canal YouTube da Fepal:

Marcadores de Calibán

38. Diversidade sexual e de gênero em Calibán

Samantha Nigri

Flectere si nequeo superos, acheronta movebo.

Se não posso dobrar os poderes celestiais, agitarei o Inferno.

(Virgílio, *Eneida*, VII, 312)

Pensar, vivenciar, estudar, escrever e fazer psicanálise são funções que não necessariamente acometem a um mesmo ser humano de maneira simultânea. Em todas elas o conceito e o tema da *Sexualidade*, ampliados e revolucionados por Freud, causarão impacto.

Mas para aqueles que atravessaram uma formação analítica e que se empenham em psicanalisar pessoas, sejam elas de que idade forem, as sexualidades com todas as suas tramas que constituem o sujeito humano, precisarão ser tomadas na dimensão da citação de Virgílio, na Eneida, que Freud escancarou, surpreendendo e horrorizando o status quo da época, ao publicar o primeiro texto psicanalítico – *A Interpretação dos Sonhos* (1900). Não por acaso, este e os *Três Ensaios sobre a Sexualidade* (1905), marcaram o início de uma mudança radical que culminou em sabermo-nos marcados pelo universo pulsional e assim, desatados de qualquer destino fixo, imutável e conservador. A sexualidade humana, por esse viés, não é dada desde o começo da vida. Ela possui um furo, um mistério, um lugar daquilo que não se sabe.

A proposta editorial de Calibán oferece espaço para autores que, em sua essência, partem deste referencial psicanalítico de fazer contato e escutar a subjetividade humana em sua busca por cartografias singulares de relações com o mundo. Autores que em diversos números da coleção da revista buscam descer aos *infernos,* aos *upside down worlds* atuais, "os Aquerontes" que não devem ser tomados como os rios que levam aos infernos judaico-cristãos, os submundos e sim como aquilo que perturba o solo que buscamos normatizar para iludir o fato de que durante a vida toda, as questões das sexualidades e de gênero se impõem a nós, numa corrente refazer-se.

O leitor encontrará uma fartura de textos de analistas latino-americanos que se dispuseram a escutar e a refletir sobre o que a cultura e os movimentos sociais arrancam e convocam atualmente, lançando-se à observação psicanalítica e na sua aposta em oferecer uma recuperação ou a construção de uma verdade subjetiva *possível* e *passível* em cada um(x) de nós.

São trabalhos que levam em consideração o fato de que pessoas trans, não binários, bem como todos aqueles que estão afastados da norma, por revelarem a alteridade radical do humano que há em nós, acarretam hoje o impacto e o estranhamento similar ao que as mulheres e a conscientização da sexualidade infantil provocaram, estremecendo o pacto social na época de Freud. O paradigma e os estudos da interseccionalidade que dialogam com as neosexualidades, ou a busca pelas sexualidades que vemos hoje presentificadas em nosso trabalho clínico cotidiano, convocam a entrarmos em contato com os efeitos que essa diversidade causa em nossos próprios corpos erógenos em nossa própria subjetividade.

Os autores de Calibán mergulharam fundo, cultivando o terreno fértil que a metapsicologia nos oferece para que em seu próprio desenvolvimento, algo de sua *reescritura* ou *neoescritura*, sempre a partir da clínica e de sua interação com a cultura vigente, possa nascer. Com isso poderemos tecer novas palavras, pensamentos e teorias que promovem um pensamento psicanalítico que observa, pensa e acompanha a riqueza da aventura humana, que é o viver e o existir em nossas próprias subjetividades.

Calibán Realidades & Ficções II vol.12 (2)

Ralph Roughton, *Um Argumento para a aceitação de psicanalistas gays.*

Calibán Deconstruir/Transformar vol.16 (1)

Patrícia Alkolombre, *Descontruções e transformações da sexualidade: "Ela não é uma mulher de verdade.*

Calibán O que não se sabe vol.14 (2)

Natalia Mirza Labraga, *O gênero do que não se conhece, gender queer.*

Carlos Plastino, *Elementos para uma antropologia além do patriarcado.*

Calibán Femeninx vol. 17 (1)

Horacio Rotemberg, *Feminino-masculino: A questão da identidade de gênero.*

Luis Campalans, *Sexualidad y diferencia.*

Calibán Transitoriedades/Incertezas vol. 20 (2)

Alberto Cabral, *Os estereótipos de gênero do analista e sua incidência no rumo da cura.*

Calibán Erótica vol. 21 (1)

Todos os seus artigos.

Adriana Varejão, América, 1996.

CONEXÃO

FEPAL

#32

Dezembro 2023

REFLEXÕES SOBRE A PAZ

Equipe editorial
Adriana Pontelli Diretora de Publicações da Fepal
Psicanalista da Associação Psicanalítica de Córdoba (APC)

Alicia Ángeles Ramírez
Analista em formação da Sociedade Peruana de Psicanálise (SPP)

Ana Valeska Maia Magalhães
Analista em formação da Sociedade Psicanalítica de Fortaleza (SPFOR)

Carolina García Editor-chefe da Calibán
Psicanalista da Associação Psicanalítica do Uruguai (APU)

Lúcia Palazzo Diretora Suplente de Publicações da Fepal
Psicanalista da Sociedade Brasileira de Psicanálise do Rio de Janeiro (SBPRJ)

Marina Massi Coordenadora Científica da Fepal
Psicanalista da Sociedade de Psicanálise de São Paulo (SBPSP)

Natalia Mudarra
Psicanalista da Associação Panamenha de Psicanálise (APAP)

Ximena Méndez
Analista em formação da Associação Psicanalítica do Uruguai (APU)

Walter Eduardo Lisboa Tradutor

Leo Mangiavacchi Designer gráfico / Diagramador

Imagem da capa Los Gigantes (2019) desenho em formato digital, com cor, textura e forma em tablet digital. Autor: Luis Gómez. Mestre em Artes Plásticas. Professor de Desenho e Pintura. Professor de Desenho e Escultura.

EDITORIAL

39. Por que a paz?

Adriana Pontelli

Este número vem à luz entre um ano que expira e um novo tempo que está surgindo. As complexidades de uma época convulsionada pela violência de vários tipos nos tocam e passam por nós de diferentes maneiras; e é por isso que, no contexto em que vivemos, escolhemos o título *Reflexões sobre a paz* para esta edição, de acordo com o último manifesto que o Conselho Diretor e os Presidentes das Sociedades e Associações da Fepal publicaram em 9 de outubro deste ano, por ocasião dos ataques terroristas do Hamas. No último parágrafo dessa declaração, dois significantes foram destacados em letras maiúsculas:

> Manifestamo-nos em defesa da PAZ, da democracia, da soberania dos povos, do respeito às diferenças e em repúdio aos discursos de ódio que abrem caminho para atos terroristas, para a guerra e para a barbárie que vão contra a dignidade da pessoa humana.
>
> A ética psicanalítica nos convoca ao radical reconhecimento da alteridade e aos laços que promovam a VIDA.

Há 90 anos, por iniciativa do Instituto Internacional de Cooperação Intelectual, foi publicada um intercâmbio epistolar entre Einstein e Freud intitulada *Por que a guerra?* O renomado físico propôs não apenas o assunto, mas também seu interlocutor, na esperança de que Freud, que tinha conhecimento sobre a vida pulsional do homem, pudesse lançar luz sobre o problema da devastação da guerra. E, embora Freud (1932) não fosse otimista, em sua carta ele deixou duas pistas possíveis para delimitar algo do transbordamento da pulsão destrutiva: "Tudo o que estabelece laços de sentimento entre os homens não pode deixar de ter um efeito contrário à guerra", e "tudo o que promove o desenvolvimento da cultura também trabalha contra a guerra". Nesse sentido, por meio desta convocação para escrever sobre a paz, desejamos, por um lado, favorecer os laços por meio da circulação de ideias heterogêneas de diferentes autores latino-americanos e, por outro lado, incentivar os psicanalistas a fazer uma contribuição à cultura que ajude a interrogar os acontecimentos atuais.

Na capa, apresentamos a obra *Los Gigantes*, de Luis Gómez, artista de Córdoba. Convidamos Luis para este número por causa de sua arte testemunhal, envolvida há muitos anos na defesa da Memória e dos Direitos Humanos. Quando lhe contamos sobre o tema deste projeto editorial, ele nos ofereceu uma série de desenhos, produzidos entre 2019 e 2022 em formato digital (alguns deles com fotografias). O artista nos disse que nessa série aparece um personagem do povo originário Comechingón[1] que percorre o caminho do Qhapq Ñan, e que observa em seu itinerário a destruição de muitas culturas. Achamos muito interessante a menção a esse extenso caminho pré-hispânico, usado, usada pelos incas como meio de comunicação, intercâmbio e integração cultural. Essa rota ancestral, com 30.000 quilômetros de extensão, atravessa vários países da América Latina. É por isso que consideramos muito apropriado propor que, nesta edição especial, a seção *Interseções* seja uma galeria de obras que o leitor possa percorrer.

Como antecipamos, na seção *Perspectivas*, nove textos de autores latino-americanos, inadvertidamente, teceram – com fios de diferentes cores e texturas – uma trama de reflexões sobre a paz.

---

1 Os Comechingones eram habitantes originários das serras de Córdoba, Argentina.

Abrimos esta seção com *O mal-estar na civilização, o crescimento emocional e o fanatismo*, artigo de Sérgio Lewkowicz, quem sugere "pensar um processo de paz em termos de amadurecimento emocional que permita um verdadeiro sentimento de responsabilidade e empatia, tanto no sentido individual quanto no contexto social". A essa perspectiva, soma-se a de Bernardo Tanis, desenvolvida em *E a paz, José...* O autor toma o narcisismo e as questões de identidade como um vetor de análise e propõe como via de abordagem um "permanente trabalho de colocar em questão perspectivas narcísicas, fundamentalistas, essencialistas, à busca de renúncias, acordos e construções coletivas (...) [respeitando] minimamente a tensão constitutiva, jamais eliminável, entre o eu e o outro". É imprescindível pensar o subjetivo em articulação com o social. "A psicanálise, se pretende sustentar sua operação de escuta, deve ser capaz de fazer uma leitura trans-versa do mal-estar no laço social, com seus sintomas, seus silêncios e sua violência"., aponta Carolina García Maggi em seu ensaio *Lógicas do silêncio e do esquecimento. Recortes para angústias em tempos de guerra.*

Mariano Horenstein comenta: "A palavra paz me soa demasiado próxima a um terreno – o das boas intenções – do qual, como psicanalista, desconfio". Seu artigo *Pax freudiana* recupera o valor que Freud deu ao conflito, destacando que "Na psicanálise, o conflito não é uma anomalia ou algo a ser domado ou reduzido, mas, em qualquer caso, algo que deve ser trabalhado". No entanto, os transbordamentos de conflitos, como os que estão ocorrendo no Oriente Médio, podem levar a eventos brutais, provocando reações igualmente cruéis. Alberto Cabral, em seu trabalho *Vingança e desumanização do adversário: via regia à barbarie,* nos adverte sobre o "perigo de colocar os autores dos crimes que condenamos fora do vínculo humano". E propõe "reconhecer no adversário um oponente igualmente humano, com o qual será preciso encontrar as formas mais razoáveis de resolver conflitos". *Paz entre Israel e Palestina?* Para Andrés Gautier Hirsch, essa é uma tarefa titânica, já que uma paz digna só pode ser o resultado de uma coexistência leal, nascida do reconhecimento e do respeito pelo direito de um povo de existir, em sua alteridade radical.

A paz é perigosa, afirma Thércio Andreatta Brasil de forma provocativa no título de sua obra. E ele dobra a aposta ao comentar que "melhor seria promovermos o ideal da guerra". No entanto, a contundência dessa frase encontra outros matizes, quando o autor indica a importância de sustentar a guerra no plano simbólico das palavras e das ideias, em vez de "ceder ao conforto inerme de uma falsa estabilidade pacífica". Em contrapartida, a abordagem de Iván Gutiérrez, em seu texto *Reflexões em busca de uma Paz atual,* enfatiza a necessidade de se afastar das fixações em polaridades dicotômicas, buscando como alternativa o recurso da terceiridade.

Finalizamos essa seção com o artigo de Fernando Orduz, *Faça amor, não a guerra*, em que várias perspectivas são condensadas. Uma delas está ligada à possibilidade de reavivar o erotismo como uma forma de impedir a estupidez da guerra, mas mesmo assim, "uma erótica paz (...) paulatinamente morrerá nos braços de Tânatos".

Ximena Méndez, para a seção *Conversações*, convidou uma de nossas principais figuras da psicanálise latino-americana, Marcelo Viñar, para falar sobre a paz. Recomendamos que você veja a entrevista e ouça as reflexões dele, que são sempre muito relevantes.

Na seção *Marcadores de Calibán*, Silvana Rea faz, inicialmente, uma breve abordagem da obra freudiana em um percurso marcado pela pregunta: "qual seria a perspectiva de uma paz duradoura para a humanidade?", e depois nos convida a percorrer um itinerário de artigos sobre o tema, publicados em nossa Revista Latino-americana de Psicanálises.

Esperamos que recebam esta edição da Conexão Fepal como um gesto de esperança e boas-vindas ao novo ano, convencidos da importância de sustentar, cada vez mais, espaços de construção coletiva que consolidem os laços sociais.

Adriana Pontelli

Referências

Freud S. (1933/1993). "¿Por qué la guerra?" In *Obras Completas.* Vol. XXII. Amorrortu.

PERSPECTIVAS

40. O mal-estar na civilização, o crescimento emocional e o fanatismo

Sérgio Lewkowicz

O clássico estudo de Sigmund Freud: *O mal-estar na civilização* (1930) completou 93 anos de sua publicação e o texto mostra toda a sua força e atualidade. Este trabalho de Freud desenvolve muitas ideias que ele já havia formulado anteriormente, como em 1895, quando dizia que o objetivo da psicanálise seria transformar a miséria neurótica em sofrimento comum. Na mesma linha, em *O mal-estar na civilização*, considera ele que as tentativas de compensar a renúncia imposta às pulsões pela civilização – com o trabalho, sublimação, amor, fruição estética, substâncias tóxicas e a religião – estão sempre fadadas a um insucesso. Assim, a eterna busca pela felicidade tem que ser confrontada com a realidade de que aquela é sempre incompleta, provisória e até ilusória.

Com os avanços no conhecimento psicanalítico pós-freudiano, particularmente com as contribuições de Melanie Klein, Bion e Winnicott foi-se compreendendo melhor o funcionamento da mente humana e aprendendo como se processa o amadurecimento do indivíduo. Na verdade, sabemos hoje que a maturidade individual e o processo de civilização são sempre provisórios, instáveis, turbulentos, com progressões e regressões ocorrendo ao mesmo tempo (Morin, 1981, Green, 2002).

O amadurecimento emocional é um processo que envolve um grau importante de sofrimento psíquico. Para podermos desenvolver a nossa *capacidade de pensar*, decisiva para nosso crescimento mental, necessitamos de certo grau de tolerância às frustrações. Com o pensamento, conseguimos transformar dor em sofrimento psíquico, o que lembra a afirmação de Freud de transformar o sofrimento neurótico em sofrimento comum (Bion, 1962).

Tanto o desenvolvimento do indivíduo, como o progresso da civilização são processos que exigem um esforço contínuo. Estamos constantemente tendo que nos defrontar com a dor, que é inerente à condição de vida, e existe em nós uma tendência para fugir deste estado doloroso e não ter que passar pelo processo difícil de transformá-lo em sofrimento passível de elaboração psíquica. Em todos nós existe uma pressão para a "loucura", ou seja, para funcionarmos de uma forma mais regressiva, com estados mentais psicóticos e perversos, podendo levar-nos inclusive para um funcionamento narcisista, com franca desconsideração em relação aos outros.

A cultura pode facilitar ou dificultar o crescimento psíquico do indivíduo, em termos de apoio para enfrentar a dor mental ou, ao contrário, estimular sua fuga e negação.

As transformações sociais e culturais que estamos vivenciando no Século XXI, nas novas configurações familiares, nas novas apresentações da sexualidade e do gênero, nas novas modalidades de trabalho, no avanço da tecnologia que impacta as relações emocionais, as mudanças na política e na economia, só para citar algumas, parecem provocar uma sensação de instabilidade e de ansiedade frente ao novo, um sentimento que Freud chamou de estranho, de inquietante, e que parece estar levando a um incremento de soluções simples, únicas. Uma solução que nos levará à salvação, por exemplo, seguindo um líder religioso ou um político messiânico, chegando em seu extremo ao uso de violência e da guerra.

Amós Oz acredita que depois das matanças de milhões de seres humanos ocorridas no Século XX com Hitler e Stalin ocorreu um período de latência do fanatismo. As pessoas ficavam envergonhadas de se assumirem como racistas ou violentas. No entanto, essa espécie de trégua parece ter chegado ao fim e estaria ocorrendo um aumento do fanatismo, como observamos no nosso dia a dia. Ainda segundo esse autor, o assunto não gira em torno de discordar, protestar e se revoltar, mas de como as pessoas, que fazem os protestos, escutam e toleram outras vozes, ou não escutam e não toleram opiniões diferentes. Dito de outra forma, se trata da certeza de se achar o dono da verdade, da única verdade.

Tudo pode ser definido de uma maneira maniqueísta, preto e branco, bandidos e mocinhos, nós e eles. Eles precisam ser convertidos à nossa verdade, por bem ou por mal. A intimidação passa a ser utilizada de maneira frequente, seja política, religiosa, de gênero e assim por diante.

Em nossa cultura notamos uma grande intolerância à dor, uma forte intolerância à frustração. Temos a convicção de que podemos e devemos ser absolutamente felizes. A felicidade se baseia em uma busca de prazer total, puramente sensorial, aliada a uma atitude de evitação total da dor, uma verdadeira "cultura de anestesia" (Mello Franco Filho, 2009).

Neste aspecto, a psicanálise cumpre um papel fundamental, pois com seu método de privilegiar a experiência emocional entre o paciente e o terapeuta, ambos têm que conviver com situações e momentos muito dolorosos, mas que são estruturantes para a mente dos dois. Essa condição, no entanto, coloca a psicanálise e a psicoterapia na contracorrente da contemporaneidade, na contracorrente de uma cultura de anestesia.

A arte e a sensibilidade dos artistas me parecem uma alternativa possível contra o pensamento fanático. Como diz Sor, o pensamento poético aniquila o pensamento fanático, mas ao usar a palavra "aniquila", já não estaria sendo fanático ou seria apenas enfático? De fato, a poesia tolera ambiguidades e paradoxos, que são exatamente o oposto do fanatismo.

Talvez pudéssemos dizer que é justamente a tensão entre o pensamento poético e o pensamento fanático que nos torna humanos.

Entender a presença do pensamento fanático e dos preconceitos é um alerta para a necessidade de estarmos sempre atentos a nossos julgamentos e nossa forma de pensar e de procurar aceitar as diferenças em qualquer contexto (familiar, social, com pacientes, nas instituições).

Creio que só podemos pensar um processo de paz em termos de amadurecimento emocional que permita um verdadeiro sentimento de responsabilidade e empatia, tanto no sentido individual como no contexto social. Tanto para a conquista de algum grau de paz interior, como uma sociedade mais justa, igualitária e inclusiva para uma verdadeira paz social.

Referências

Bion, W, R. (1991). *O aprender com a experiência*. Imago.

Bion, W, R. (1970). *Atenção e interpretação*. Imago, 1973.

Freud, S. (1930/1976). O mal-estar na civilização. In *Edição Standard Brasileira das Obras Completas de Sigmund Freud*. v. 21. Imago.

Green, A. (2010). *El pensamiento clínico*. Amorrortu.

Mello Franco Filho, O. (2009). "A civilização do mal-estar pela não felicidade". *Revista Brasileira de Psicanálise*, v. 43, n. 2, p. 181-194.

Oz, A. (2015). *Como curar um fanático*. Companhia das Letras.

Sor, D. (1988). *Cambio catastrófico: psicoanálisis del darse cuenta*. Kargieman

41. E a paz, José...

Bernardo Tanis

O convite da Fepal visa que cada um de nós possa apontar alguma perspectiva de pensamento e indagação em face às encruzilhadas, conflito e guerras, de hoje e de sempre. Escolho um vetor marcado pelo narcisismo e a problemática identitária. Esses eixos nos afetam a partir do campo geopolítico, das guerras, através do crescimento vigoroso da ultradireita no mundo disfarçada de Liberalismo, da cegueira e anacronismo de muitas das nossas esquerdas, dos fundamentalismos, das reivindicações identitárias que por vezes assumem formas autoritárias.

Falar de identidade/alteridade não é apenas falar da necessidade de autoafirmação e de reivindicações justas, mas também da dimensão narcísica contemplada de forma absoluta em certas afirmações identitárias que carregam uma mensagem de cancelamento e/ou eliminação do outro. Somos convocados como analistas a colocar em xeque palavras de ordem, chamados como analistas e cidadãos a abordar estas questões com coragem, seja na clínica, seja nas nossas instituições e na pólis.

Por um lado, somos convidados a refletir sobre as atuais formas de sofrimento psíquico que colocam o narcisismo em xeque, sob o ângulo do estatuto singular do outro e da alteridade. Também a ideia de traumas narcísico-identitários (Rousillon) permite-nos enriquecer a compreensão (teórico-clínica) da dimensão intersubjetiva.

Penso, como outros, que devemos incluir também uma terceira dimensão, ao lado do intrasubjetivo e do intersubjetivo: o espaço trans-subjetivo que contém as representações do mundo externo real, nas suas dimensões sociais, geopolíticas e econômicas. Contexto em que se desenrolam as diferentes formas de novas subjetividades, bem como a dimensão traumática como reverberação não metabolizada dos "acontecimentos" (Badieu / Puget).

Alguns pontos de partida para vetorizar o estudo teórico-clínico da identidade, sua relação com o narcisismo e os contextos culturais e sociopolíticos:

1. Trata-se de falar da perplexidade e do impacto constitutivo do EU que a desorganização social gera nos nossos modos de habitar o mundo, investigando as incertezas que colocam em causa os recursos teóricos/epistemológicos das diversas disciplinas, entre elas a psicanálise, construída para compreender os conflitos que se agravam.
2. Nestes contextos, a tonalidade paranoica costuma ser dominante, embora a tonalidade depressiva também tenha grande presença. O diferente, o outro, o desconhecido é vivenciado como ameaça. Ameaça uma identidade narcísica unitária (dificilmente construída) e produz uma "desorganização dos afetos" (devo esta expressão ao sociólogo argentino Canclini).
3. As análises críticas dos conflitos interculturais, raciais, políticos e da descolonização revelam a subordinação da simbólica nacional às redes de poder globalizadas, mídias, redes, corporações, aos interesses geopolíticos e econômicos. Aqui localizamos aspectos do trans-subjetivo.

Evidentemente, este brevíssimo escrito se propõe a ser apenas um estímulo para o debate, mais focado nos dois primeiros itens, uma busca de diálogo e interlocução perante a perplexidade dos tempos.

Recordemos o Freud de *Introdução ao Narcisismo* (1914), quando sustenta que todos os problemas observados no plano relacional sempre têm um componente narcísico, atingindo a imagem do sujeito, provocando danos e feridas. Essas feridas ocasionam sofrimento psíquico, dor, revolta ou traumas, produzem respostas, tentativa de reparar e de preencher os danos infligidos ao narcisismo.

Trata-se, pois, de uma questão essencial para a constituição do sujeito, da psicopatologia de todas as épocas, dirá Roussillon, de todas as idades e talvez de todas as culturas, apesar de revestir-se de formas diferentes em cada cultura e contextos.

Portanto, há um entrelaçamento dos ideais e das identidades que refletem a dimensão narcísica do sujeito.

A identidade (cultural, étnica religiosa, de gênero etc.) pode se constituir como um baluarte defensivo, sua ameaça demandará respostas drásticas desde posições masoquistas, falhas na capacidade de ser sujeito da própria vida, das próprias emoções, sentimentos e decisões até uma violência destrutiva visando o aniquilamento do outro.

Nada tem efeito mais regressivo para o indivíduo, para o grupo ou à civilização e a socialização e suas diversas formas instituintes que reivindicar uma hierarquia das identidades e dos pertencimentos, nos alerta Rudinesco com quem concordo inteiramente.

A utopia de ausência de conflito entre o Eu e o Outro não deixa de expor permanentemente suas fraturas e falhas. A psicanálise freudiana mostrou a partir do mito fundador da cultura – *Totem e Tabu* e *O porvir de uma ilusão* – a necessidade de amparo e a busca de um pacto regulador da autoridade. No entanto, a figura patriarcal do Deus único levou ao longo da história a absolutizar verdades universais, e em seu nome se seguiram Cruzadas, Inquisição e Jihad como movimentos de *autoafirmação identitária* pela fé absoluta num Deus único como verdade universal que justificaria o extermínio e a eliminação do outro. A paz neste registro, no qual os interesses (políticos e econômicos) se coadunam a um imaginário narcísico, apenas seria atingida perante a uniformidade narcísica da eliminação da diferença, do outro, e da conversão a um único ideal, a uma única fé.

Em outro contexto, embora Freud tenha colocado, a partir dos *Três Ensaios*, a fluidez e diversidade do sexual, certos caminhos de pensamento apagaram a noção de diversidade e se apoiaram em posturas binarias como condição de acesso ao simbólico mediadas pelo significante fálico. De modo que o não reconhecimento desse binarismo implicaria uma perversão ancorada na ideia de desmentida.

Cito aqui também as diferentes formas de racismo, que não podem ser compreendidas apenas pela perspectiva psicanalítica, mas que também se ancoram em discriminações e preconceitos a partir de uma lógica paranoica em relação ao diferente.

Sabemos que o antissemitismo, o racismo em relação ao negro, a grande discriminação e o ódio ao pobre (a filósofa espanhola Adela Cortina nos fala de "aporofobia: ódio ao pobre"), todos sem exceção manifestam aspectos da paranoia que o diferente representa. Assim, as diferenças, sejam étnicas, sexuais ou religiosas, despertam preconceitos, ódios, agressões. As guerras encontraram sempre justificativas imaginarias, para mascarar inúmeros interesses.

Deste modo, falar da pulsão de morte ou destrutividade deveria sempre contemplar não apenas o impulso (estaríamos num campo redutor), mas a organização imaginaria e narcísica que lhe concede um estatuto que supostamente legitima a destruição, o ódio e o aniquilamento do outro.

E a paz, José... parafraseando "E agora, José..." do poeta brasileiro Carlos Drummond de Andrade.

Talvez "a paz" e "I have a dream..." estejam vinculados ao permanente trabalho de colocar em questão perspectivas narcísicas, fundamentalistas, essencialistas, à busca de renúncias, acordos e construções coletivas em permanente jogo de desconstrução e reconstrução que respeite minimamente a tensão constitutiva, jamais eliminável, entre o eu e o outro.

42. Lógicas do silêncio e do esquecimento: recortes para angústias em tempos de guerra

Carolina García Maggi

Quando criança, a ideia de chegar à virada do milênio produzia em mim uma vertigem perturbadora, como chegar aos confins do mundo; imaginava acontecimentos fantásticos ou cataclismos siderais, de acordo com o humor em que me encontrava; esses devaneios futuristas hoje os compreendo em função com as circunstâncias que tocavam minha vida pessoal e próxima. Como Winnicott apontou, o colapso temido é aquele que já aconteceu. Naquele futuro atrás de mim,[1] a inflexão já havia ocorrido; a vida compartilhada com suas promessas se extinguiu um dia que lembro bem. Era a década de 70 no meu país, transformado em silêncio; a vida intelectual, a efervescência política, que absorvemos pelos poros, deram lugar ao medo, ao horror e às ausências. Ficamos sem possibilidades de futurabilidade, essa dolorosa situação em que o tempo é imobilizado. O passado

---

1 Referência ao título do livro de Vittorio Gassman, *Un grande avvenire dietro le spalle.*

já não é digno de ser evocado e o futuro, o tempo do desejo, é destituído, num paradoxal sintoma do tempo.

Pensando nisso agora, não parecia provável que pudéssemos prever o rumo do milênio que habitamos, nesta quinta dimensão, da era digital, da hiperconectividade e da inteligência dos algoritmos. Avanços que não desmereceram a ferocidade do neoliberalismo com sua violência estrutural e suas formas de determinar quais vidas valem a pena ser vividas. Nem as guerras.

A psicanálise, se pretende sustentar sua operação de escuta, deve ser capaz de fazer uma leitura trans-versa[2] do mal-estar no laço social, com seus sintomas, seus silêncios e sua violência.

Assim como em Londres Winnicott escreveu a partir de sua experiência com crianças deportadas da guerra, a experiência de Bion com soldados no front lhe permitiu pensar sobre a vida em grupo e a clínica da psicose. Conta-se que ele carregava um livro de Klein na sua pequena bagagem de aviador. Pouco tempo antes, Freud havia iniciado seus últimos anos de exílio em Londres. Tendo retomado por três vezes seu *Moisés*, contemporâneo da ascensão do nazismo, terminou de escrevê-lo quando se estabeleceu na Inglaterra. Lá, se perguntava como uma cultura, apesar de sua erradicação, podia continuar a ser transmitida.

Como dizia o artista Boltanski, a única forma de sobreviver é transmitir, uma forma de se inscrever no laço, na medida em que contraria a deshistoricização, ou a dessimbolização que os dispositivos de dominação e dessubjetivação exercem.

Não é supérfluo acrescentar que a barbárie faz parte da cultura, e que as violências genocidas que assolaram o século passado foram produto da própria modernidade.

---

2 Não seria meta-versa, o que significaria que algo está dado, preparado, e deve ser descoberto, numa concepção ontológica ou essencialista da verdade do sujeito, e não da produzi-lo.

Sabemos que a diáspora psicanalítica, causada pela perseguição nazista, produziu uma importante rede de transferências teóricas e intercâmbios que cruzaram o oceano. Nesse fio, onde o tecido coletivo é rasgado, se geram impasses e também novos relevos epistemológicos.

Retomo aqui a preocupação freudiana com as possibilidades da cultura de impedir sua erradicação, ou a transmissão que vincula os homens uns aos outros. Certamente, em nossas latitudes, a psicanálise latino-americana ofereceu contribuições pioneiras, encorajando a repensar a neutralidade do analista diante do colapso da vida democrática e dos direitos dos cidadãos. Nessas décadas, são muitos os estudos sobre a decolonialidade e as consequências dos regimes ditatoriais que assolaram o Cone Sul, forçando a novas leituras do sujeito. Uma psicanálise anti-opressiva, capaz de produzir pensamento a partir da condição subalterna e que abrigue em sua escuta aos sujeitos minoritários, aos que não têm direito a falar e a nomear o sofrimento em seus próprios termos.

Assim, quando as garantias da palavra são destruídas, a questão seria: como construir o outro a quem falar, quando o Outro não dá garantias e pode tomar o sujeito como objeto de seu gozo e não como sujeito de palavra? Não se trata simplesmente de erigir um sujeito de palavra, trata-se de construir o Outro caído na sua condição de garante e na condição de doar a alteridade que nos sustenta. O reconhecimento da outreidade / do outro através da escuta, do inaudito. O que se pretende construir são as condições de audibilidade, ou novos regimes de audibilidade.

A complexidade é ainda maior quando se trata de ouvir o que não pode ser dito, como acontece em nossa clínica. "O que não pode ser dito, não pode ser silenciado", como diz F. Davoine.[3]

---

3 Ele toma e modifica a conhecida expressão de Wittgenstein: o que não pode ser dito, deve ser silenciado.

Para os psicanalistas, acostumados a trabalhar com a palavra, são momentos de hesitação, que exigem aquela ductilidade com o inconsciente que não se aprende, nem é uma expertise. Na dupla impossibilidade do que não pode ser dito nem pode ser silenciado – nesse oximoro – há, no entanto, uma chance diferente, que é também o processo de uma análise. O analista é testemunha e objeto, na transferência, de uma não-palavra, que mostra os confins do sofrimento, a ruptura da transmissão das falhas do laço social. Momentos em que surge a medida comum entre loucura, guerra e destrutividade, no fogo do Real.[4] Na experiência traumática, na perda da experiência (Benjamin), o sujeito da palavra não estava lá; enquanto eclipse da palavra, nenhuma palavra foi dada para nomear o que estava acontecendo. No laço analítico, o sintoma, ou aquilo que foi despejado sem ser reprimido, encontra alguém a quem recorrer, trazendo à existência zonas de não-existência que foram suprimidas, com a oportunidade de fazer o sujeito aparecer.

Sabemos que tanto palavra quanto memória são política, a política do sujeito inscrito no social, na vida comum, no espaço "entre" os sujeitos portadores do dizer e do discurso.

Temos referências na literatura antiga e na história. Assim, na tragédia de Édipo, o drama o levou a Colono, um lugar sem história. Nessa época, quando Sófocles escreveu seu *Édipo em Colono*, por volta de 406 a.C., Atenas promulgava a primeira lei de anistia com sua política de esquecimento. Colono era o lugar que não permitia nenhum olhar, nenhuma voz, nenhuma palavra.[5] Foi nesse lugar sem história, na margem silenciosa do Real, que Édipo desapareceu.

---

4 Ver F. Davoine. p. 151.

5 "São coisas, estrangeiro, que não tiveram a honra de serem incluídas na história, mas que se aprendeu a frequentar", diz o habitante a Édipo quando chega a Colono.

Em 403 a.C., foi emitido o primeiro decreto de anistia ateniense, após a derrota de Atenas no Peloponeso, que desencadeou uma guerra civil. Quando os democratas recuperaram o poder, foi promulgada uma lei de anistia. O decreto proibia, sob pena de morte, "lembrar as desgraças", ou seja, uma política ativa de amnésia. "Quando as desgraças são lembradas, são sempre lembradas contra, são repreendidas, se exercem represálias".[6] Segundo Aristóteles, um dos que retornou a Atenas começou a se lembrar do passado e foi executado. Um exemplo para todos e assim foi; quando ele foi executado, ninguém mais se lembrou do passado. O que precisa ser construído é o esquecimento, uma disciplina do esquecimento, para a qual é preciso deter a mobilidade da palavra e imobilizar o tempo.

A memória não é só das desgraças, é também a do nome da liberdade, "a memória da sua antiga liberdade não os deixa, não os pode deixar em paz".[7]

Diante da erradicação da memória e da transmissão da linguagem, o nome de liberdade – dada na multivocidade e na equivocidade da própria linguagem – reaparece nos sintomas e nas formações do inconsciente, como vemos no trabalho com nossos analisandos.

Não estamos falando de uma memória factual, nem de uma verdade-origem que é dada e sempre presente, mas que estas são produzidas no processo de fala, são um efeito do dizer. São pedaços de verdade, uma verdade parcial e singular, capaz de entrar em outras perspectivas.

Para B. Cassin, a tarefa de regular o ódio por meio do discurso trata-se da performatividade da linguagem como meio de privar ao ódio sua eternidade. Eternidade da fixação e imobilidade do tempo,

---

6 Ver Bárbara Cassin. p. 146.

7 Essa ideia é emprestada de Maquiavel, que advertiu quem quiser ser senhor de uma cidade acostumada a viver livre, seus habitantes jamais esquecerão esse nome de liberdade.

o retorno ao mesmo lugar, à identidade do mesmo, quando não há desejo ou amor que consiga deixar uma marca no gozo obscuro.

Freud encontra um exemplo na literatura, no personagem Ricardo III de Shakespeare. Visto que ele não pode amar, a única coisa que lhe resta é odiar.

Referências

Freud, S. (1937/2018). "Moisés e o monoteísmo". In Sigmund Freud. *Obras completas.* Vol. 19. São Paulo: Companhia das Letras.

Davoine, F.; Gaudillière, J. M. (2004). *Historia y trauma. La locura de las guerras.* México: Fondo de Cultura Económica.

Lacan, J. (2012). "La psiquiatría inglesa y la guerra". In *Otros escritos*. Madrid: Paidós.

Cassin, B. (2022). *Cómo hacer de verdad cosas con palabras. Homero, Gorgias y el pueblo Arco Iris*. Buenos Aires: El Cuenco de Plata.

43. Pax freudiana

Mariano Horenstein

Por alguma razão, acho muito difícil urdir uma ideia a partir do significante com o qual somos convidados a escrever: *paz*.

Talvez, suponho, seja por ser uma palavra estranha à psicanálise. O terreno das boas intenções nunca é fértil em nossa disciplina, acostumada como está a conviver com as paixões obscuras da espécie humana. Assim, escrever sobre a *paz* me parece um tanto forçado, tanto quanto se eu tivesse sido convidado a escrever sobre a *civilização* ou a *felicidade*. A civilização – como sabemos tanto por Walter Benjamin quanto por Freud – é apenas o reverso da barbárie. Se a *Shoah* revelou alguma coisa, foi isso. E a felicidade, também sabemos, é apenas o afortunado anverso do mal-estar.

No mesmo sentido, para nós, a paz tem sempre em seu reverso o conflito. Na psicanálise, o conflito não é uma anomalia ou algo a ser domado ou reduzido, mas, em qualquer caso, algo que deve ser trabalhado. Na psicanálise, o conflito não está associado à patologia, mas à saúde (outra palavra estranha ao nosso campo, onde a nítida diferença entre saúde e doença também se dilui).

A palavra *paz* me soa demasiado próxima a um terreno – o das boas intenções – do qual, como psicanalista, desconfio. Mesmo a *pax romana*, aqueles duzentos anos de relativa calma vividos pelo Império que nos legou, juntamente com a tradição bíblica, uma ideia da lei, parece-me contida, fictícia, uma paz sustentada pela força da repressão.

Mas aí, sem nada para escrever, uma série de lembranças me assalta.

Londres, 2002. Edward Said, um destacado intelectual palestino, admirador de Freud, dá uma palestra intitulada: "Freud e os não-europeus". Ali, seguindo a trilha de "Moisés e o monoteísmo", ele detona qualquer ideia de identidade coagulada. A palestra deveria ter sido dada no Freud Museum, em Viena, mas foi cancelada devido a protestos, e finalmente aconteceu no outro Freud Museum, em Londres, local onde o fundador havia desembarcado em sua fuga dos nazistas.

Berlín, 2019. No verão europeu, pude ouvir Daniel Baremboim – um músico argentino e israelense – na Bebelplatz, regendo a Staatskapelle, que tocava ao ar livre para uma multidão feliz. No centro daquela praça, sob uma laje de vidro, podia ser vista do nível da rua uma pequena sala subterrânea com prateleiras vazias, com capacidade para vinte mil livros que não estavam lá. Essa instalação era um lembrete de que ali, quando o nazismo assumiu o poder em 1933, haviam sido queimadas obras de Marx, Zweig, Brecht e Freud. A instalação, obra do artista israelense Micha Ullman, tentou retratar, como tantas outras, uma das formas de ausência.

No dia da queima – se acreditarmos em Erich Kastner, um dos autores sacrificados que assistiu horrorizado ao conciliábulo, confundido no meio da multidão – chovia tanto que as chamas se apagavam, e os bombeiros tinham que jogar gasolina no fogo para que queimasse bem. Como em *Fahrenheit 451*, vinte anos antes.

Ao lado da instalação, em bronze, está escrita uma frase que Heine havia cunhado mais de um século antes, referente à queima de livros sob a Inquisição espanhola: "Isso foi apenas um prelúdio, onde eles queimam livros, em última instância, também queimarão pessoas".

Em algum lugar no Atlântico, 2018. Na loteria casual da alocação de assentos em um avião, me toca compartilhar uma viagem de volta para casa com um casal de cineastas israelenses. Ele se chama Avner, nasceu em um kibutz de pais asquenazes e cariocas. Ela se chama Hagar, o nome da escrava com quem o patriarca Abraão teria gestado Ismael, antes mesmo de ter engendrado, com sua esposa Sara, Isaac. Os descendentes de Ismael são os árabes, os de Isaac são os judeus, emparentados desde a origem. Hagar, não sei por que, tem um sobrenome árabe junto a outro judeu: *Shalom*.

Eles me contaram sobre seu trabalho, filmando a vida de pastores palestinos e colonos israelenses na Cisjordânia, tentando entender suas razões, suas diferenças, o direito reivindicado de viver sob o mesmo céu. Percebo que toda a sua obra cinematográfica é um manifesto pela paz. Viajam como cineastas, deveriam fazê-lo como embaixadores.

Tel Aviv, 2022. Eu nunca tinha estado em Israel antes. Ao chegar ao Aeroporto Ben Gurion, minha esposa, que não é judia, passou pelos controles de segurança sem problemas. Eu, por outro lado, com um óbvio sobrenome judeu carimbado no passaporte, fui parado. O motivo foi que eu também tinha um visto iraniano carimbado no passaporte. Passei por maus bocados, tive que explicar longamente o que tinha ido fazer em um lugar cujos habitantes são proibidos de pisar em Israel, e que não admite israelenses em seu território. Um país que tem um relógio numa praça que marca, em contagem regressiva, o tempo que falta para fazer Israel desaparecer da face da terra.

Aquele pequeno país me cativou, em particular Tel Aviv, uma cidade vibrante e aberta ao futuro como poucas, onde a intensidade da vida só podia ser compreendida a partir da consciência do perigo. O risco assumido, a certeza de que não há certezas, animava uma vitalidade contagiante entre seus jovens.

Em Jerusalém, por outro lado, uma cidade em constante disputa e carregada com o peso de uma história milenar, o clima era diferente. Vinte anos atrás, foi lá que Daniel Baremboim, regendo a mesma orquestra alemã que eu ouvira em Berlim, decidiu, de improviso, adicionar a música do antissemita Wagner ao seu programa, desencadeando um debate inflamado.

Teerã, 2014. Eu havia recebido um convite para um encontro de psicanálise a ser realizado no Irã. Por ser judeu, minha família achava uma loucura aceitar o convite. Razões não faltavam: o Irã é um país que, apesar de abrigar uma das comunidades judaicas mais antigas, e apesar de já ter sido – em outro tempo – um dos primeiros países do mundo a reconhecer o Estado de Israel, batalha para seu desaparecimento.

Mais intrigado do que assustado, decidi viajar, e me vi falando sob efígies gigantescas dos aiatolás, diante de uma plateia jovem, hospitaleira e entusiasmada. As mulheres, obrigadas a usar *hijabs*, tiravam-nas assim que podiam para conversar animadamente. Falei lá de muitas coisas, entre elas a respeito do divã em que todos nos reconhecemos. Trata-se de uma palavra de origem persa, *diwan*, que significa encontro. No final da série de palestras, voltei a falar – juntamente com os outros oradores – e optei por fazê-lo repetindo a saudação com a qual os iranianos que tinha conhecido me cumprimentavam: *Salaam*.

Rio de Janeiro, 2023. Escrevo isto sob o mesmo céu que os pais de Avner Faingulernt devem ter visto quando emigraram. Continuo sem apreender a paz como um conceito afim à psicanálise, mas no campo do desejo – que é um conceito central em nosso ofício – pensar sobre a paz se torna possível para mim.

A paz enquanto desejo. *Salaam, Shalom,* são formas de se cumprimentar para desejar paz uns aos outros. Árabes e judeus usam a mesma palavra quase, de uma homofonia sintomática.

Diante da tragédia, quando as pessoas estão queimando há muito tempo e nos agarramos aos livros para entender algo, nos dias em que o terror se intensifica e o inimaginável se torna possível, os psicanalistas podemos, talvez, proporcionar lucidez e apostar também em um desejo.

Um desejo como o que anima um casal de cineastas a filmar a possível convivência entre judeus e árabes. Um desejo como o que animou dois amigos, Baremboim e Said, a fundar uma orquestra composta por instrumentistas árabes e judeus para mostrar que podiam fazer música juntos. Foi assim que nasceu a *West-Eastern Divan Orchestra*, um projeto no qual eu gosto de me ver.

O desejo, em todo caso, de uma *pax freudiana*, o exato reverso da romana, uma paz desordenada e viva, uma constituição de grupos que não se sustente – como Freud imaginou e Lacan desenvolveu – na segregação do diferente e do racismo exponencial, mas que faça desse outro, que encarna a diferença, um objeto de curiosidade, a possibilidade de enriquecimento, inclusive o objeto que nos cause. Não a paz ataráxica, onde o nervo desejante é esvaziado, não a paz como ideal de cemitério. Não a *pax romana*. Na psicanálise, conhecemos a potência do conflito quando conseguimos dar-lhe um curso fértil.

Não imaginamos ainda o quão interessante pode ser uma paz buliçosa.

Os desejos, sabemos, são impossíveis de serem realizados. Ainda assim...

44. Vingança e desumanização do adversário: *via regia* à barbárie

Alberto César Cabral

Os acontecimentos que se desenrolam no Médio Oriente mergulham-nos em um estado de dor e indignação. Mas também de incredulidade. A partir dessa impossibilidade de acreditar, persiste entre nós a mesma pergunta: como é possível que continuem sendo perpetrados crimes e ações tão violentos? Como não interpor diques de empatia e comiseração para com o adversário e a população civil? Indo um pouco além: que tipo de subjetividade é capaz de concretizar tamanho desdobramento de ódio e de violência?

Minha intenção é focar em apenas um aspecto, entre os muitos (geopolíticos, econômicos, religiosos) que participam na construção desse cenário mortal. Trata-se do processo de *desumanização* do inimigo, que passa a ser incluído em uma categoria excetuada dos diques que evocamos. Somente despojando suas vítimas de sua condição humana é que os membros do Hamas puderam cometer as atrocidades (tortura, estupro, decapitações) que nos horrorizam e condenamos.

Muitos de nós também estamos chocados com o fato de a resposta do governo israelense reivindicar o mesmo fundamento. Foi o que transmitiu o seu ministro da Defesa, ao anunciar primeiro e executar depois ações de vingança contra inimigos qualificados como "animais". E nos preocupa que a dolorosa declaração da Sociedade

Psicanalítica de Israel também coloque os autores dos crimes que condenamos "fora do vínculo humano".

É uma posição que abre a porta para o pior. Através da fenda da "animalização" do oponente se infiltraram genocídios e massacres. E com a reivindicação do recurso à vingança é incentivada a sequência crime-vingança-crime, típica do que os gregos consideravam legalidade arcaica: "o sangue derramado pede para ser vingado por sangue novo", escreveu Ésquilo, antecipando o roteiro que parecem atuar os protagonistas do conflito.

Mas será que acreditamos seriamente que, por exemplo, Hitler e o nazismo são fenômenos "não humanos"? Minha impressão é que se trata de uma crença que participa de uma idealização da "humanidade", sustentada na renegação da "hipocrisia cultural" com que Freud caracterizava a eticidade do neurótico: frágil e inconsistente, sustentada pela repressão... e, portanto, ameaçada pelas irrupções de retornos do gozo (fratricida), típico de seu terceiro período.

É uma idealização que supõe, também, a renúncia – como trabalhadores da cultura – a explicar os dinamismos "humanos, demasiado humanos" (Nietzsche) de algumas condutas de nossos semelhantes. Declaramo-los "desumanos" e desistimos de explicá-los porque, no fundo, nos afligem: lembram-nos as atrocidades que também podemos perpetrar, autorizados até mesmo pelos valores mais nobres. Freud já advertia – invocando o exemplo da Inquisição – que os ideais podem constituir meras racionalizações, que legitimam os transbordamentos mais cruentos do gozo. Os excessos cometidos por todos os "ismos" no século XX, e o que vai do XXI, são prova disso.

O que temos à disposição, se não para evitar, pelo menos para dificultar o deslizamento para a barbárie, é o recurso aos diques mais sólidos proporcionados pelo "enobrecimento pulsional" e a construção dessa "intolerância" ao gozo de matar em que Freud fundava a convicção pacifista que compartilhava com Einstein. "É possível ser virtuoso... por capricho", dizia Camus, anunciando também uma alternativa ao recurso ao ideal. Ele antecipava a aposta de Lacan: um "desejo inédito", despido de aderências de gozo, pode constituir um fundamento mais confiável (do que a repressão) para a ação ética.

A defesa mais digna de uma nação, de uma fé ou de um credo, será aquela que realce e preserve seu rosto humano: entendido como a predisposição para reconhecer no adversário um oponente igualmente humano, com o qual será preciso encontrar as formas mais razoáveis de resolver conflitos. E para que, mesmo no caso extremo de confronto bélico, este possa acontecer em um marco regulamentado, que proteja ao máximo a população civil e os prisioneiros de guerra. É um indicador inquietante do retrocesso cultural que estamos vivendo, que essas expectativas sejam – para muitos – ilusórias ou ingênuas. No entanto, também muitos de nós aspiramos que um divórcio não reedite o roteiro de "A Guerra dos Roses", que Guernica e Hiroshima não sejam o destino inexorável dos conflitos entre Estados, e que seja o "castigo *sem vingança*" (Lope de Vega) que puna o crime, por mais cruento que esse tenha sido. Michal Halev manifestou essa posição subjetiva quando, ao inteirar-se que seu filho havia morrido nas mãos do Hamas, disse: "Meu filho foi morto e eu não quero vingança".

A prática analítica empurra na direção desses resultados "virtuosos". Ela faz isso como ganho colateral, ao promover elaborações progressivas de gozo e diques mais sólidos contra os seus retornos.

São dois recursos que participam do perfil subjetivo desse "ateu consequente" (Lacan) que entrega o fim da análise. Curiosamente, eles aparecem fundidos no Deus de um antigo comentário rabínico. Mariano Horenstein evocou isso ao apresentar meu livro sobre Lacan e a contratransferência: "No caso de um justo perseguir um justo, Deus está do lado do perseguido; quando um malvado persegue um justo, Deus está do lado do perseguido; quando um malvado persegue um malvado, Deus está do lado do perseguido, e mesmo quando um justo persegue um malvado, Deus está do lado do perseguido".

Mariano e eu voltamos várias vezes a esse final paradoxal. Minha impressão é que esse retrata uma figura sugestiva de Deus, de candente atualidade. Porque é óbvio que, quando o malvado persegue o justo, Deus esteja do lado do justo. Entendemos, também, que quando o malvado persegue o malvado, ou quando o justo persegue o justo, Deus não se refugie na neutralidade e opte sempre por socorrer o perseguido.

Mas o que abala nossa modorra moral e resulta desconcertante é que, quando o justo persegue o malvado... Deus surpreenda ao ficar do lado do malvado! Trata-se, sem dúvida, de um Deus que exerce seu poder para limitar os transbordos do gozo vingativo que ameaçam toda perseguição. E que não se deixa seduzir por racionalizações que – invocando os motivos mais "justos" – podem encobrir as mais ferozes caças às bruxas.

45. Paz entre Israel e Palestina?

Andrés Gautier Hirsch

Bolívia, novembro de 2023.

Conversando com um parente meu que mora em Israel, trocamos e-mails sobre o ataque terrorista do Hamas e a resposta brutal das Forças Armadas israelenses que afetou toda a população palestina de Gaza. Ele me falou sobre o direito moral do povo judeu de existir, e eu respondi que o povo palestino também tinha o direito moral de existir. Com isso terminamos o diálogo respeitoso que tivemos. O direito do povo palestino a existir ficou sem resposta.

Em 28 de outubro, o presidente do Estado de Israel, Benjamin Netanyahu, em seu discurso, falou da "guerra do humanismo" contra o Hamas, ignorando o povo palestino, e ainda da "guerra da luz contra as trevas", como os Estados europeus que justificaram as guerras coloniais do século 19 alegando levar a civilização aos povos selvagens, primitivos, mas exterminando povos inteiros. No discurso de Netanyahu, o direito do povo palestino de existir não foi sequer mencionado. E até hoje, no ataque a Gaza, fala da luta contra o Hamas mas evita falar da população palestina, como se ela não existisse.

Não entanto, não será ignorando um povo, negando sua existência, negando sua identidade, ou aniquilando-o, que a memória de um povo desaparecerá. A experiência da Shoah nos mostra isso. Annette Wieviorka começa sua obra *L'ère du témoin* (A era da testemunha) com uma declaração de Simon Dubnov a seus companheiros do gueto de Riga, antes de ser assassinado em 8 de dezembro de 1941: "Gente boa, não esqueça! Gente boa, conte! Gente boa, escreva!".

Assim como o povo judeu tem a Shoah, com todos os seus efeitos traumáticos transgeracionais individuais e coletivos, o povo palestino tem a Nakba com efeitos similares. No povo palestino, a memória da Nakba está tão presente quanto a Shoah no povo judeu. A diferença é que no Ocidente fala-se da Shoah, enquanto que a Nakba é ignorada.

Durante séculos, os judeus sefarditas e os mizrahims (a quem o sociólogo israelense Yehuda Shenhav (2006) chama de "judeus árabes") viveram em convivência pacífica com os nativos do norte da África, em sua maioria muçulmanos, o que não fora possível em toda a Europa cristã, marcada por histórias de perseguição, pogroms, inquisições, e que concluíram com o plano de extermínio da Shoah. Nesse contexto, pode-se imaginar o que significa concluir Pessach (Páscoa) e Yom Kippur (O Dia da Expiação) com "L'Shana Haba'ah B'Yerushalayim" (No próximo ano em Jerusalém). Em situações de insegurança e possíveis surtos de antissemitismo, acreditar em uma alternativa que simbolizasse uma salvação, uma libertação da opressão, da insegurança existencial, a oração *L'Shana Haba'ah B'Yerushalayim* exprime uma mensagem de esperança e, ao mesmo tempo, é portadora de uma ilusão. O que a oração ignora é o fato de que a verdadeira Jerusalém, a terra de Sião, tem populações enraizadas ali há séculos, com suas culturas e tradições. Até hoje, uma parte da população israelense não consegue imaginar que outros povos possam ter o mesmo direito de viver na mesma terra. O desejo intenso de poder viver "finalmente" em uma situação de segurança entre pessoas do próprio povo, esse paraíso que os libertaria da ameaça constante de perseguição, tem efeitos psicossociais que os políticos instrumentalizam para justificar o injustificável por parte do Estado de Israel contra a Palestina.

O povo palestino, por outro lado, após séculos sob domínio otomano, tornou-se um protetorado britânico na primeira metade do século 20. Durante séculos, viveu em condições típicas de uma sociedade colonizada, oprimida e explorada, mas o que aconteceu em 1948 nunca antes o tinha vivido. É o que o povo palestino chamará de Nakba, ou seja, a "Catástrofe".

Com a Resolução da ONU de 29 de novembro de 1947, o território palestino foi dividido em dois Estados, um judeu e outro árabe, causando uma intensificação da tensão em ambos os lados. Os ataques aos assentamentos judaicos aumentaram, mas em abril de 1948, a situação tomou um rumo catastrófico, fazendo com que 750.000 palestinos fugissem do campo e da cidade.[1] Com efeito, em 9 de abril aconteceu o massacre dos habitantes de Deir Yasin,[2] que, segundo Uri Avnery (1954), foi decisivo na reação de pânico da população árabe. Edward Said (1999) diz:

> *Mais do que qualquer outro, o evento que emerge dessa época sombria é Deir Yasin, os estupros, as decapitações de crianças, as mulheres estripadas... Precisei de tempo para entender o contexto e o verdadeiro significado de Deir Yasin... fazia parte de um plano geral destinado a esvaziar a Palestina de sua população árabe.*

A antropóloga Éléonore Bronstein (2018) é da mesma opinião: "Não acredito que o projeto sionista tenha como objetivo exterminar os palestinos. Pelo contrário, acredito que a intenção é "despalestinizar" para que possamos viver em paz entre nós". Em 1948, 678 cidades palestinas foram destruídas pelas Forças Armadas israelenses e 22 cidades pelas Forças Armadas árabes (os palestinos não tinham exército) (Kadma, 2015).

---

1 Em 1950, quando a UNRWA (Agência das Nações Unidas de Assistência aos Refugiados da Palestina no Próximo Oriente) iniciou suas operações, 750.000 pessoas tinham status de refugiado palestino. Hoje, mais de 5,9 milhões de pessoas esperam abandonar tal condição para se tornarem cidadãos plenos.

2 Mais de 100 árabes palestinos mortos.

Diante desta situação desoladora, sempre houve minorias judaicas que tentaram reagir, quebrar o silêncio que encobre a responsabilidade de Israel pela Nakba. Uma dessas iniciativas é a organização israelense sem fins lucrativos Zochrot (Elas lembram), fundada em 2002, cujo objetivo é promover a conscientização sobre a Nakba. O fundador, Eitan Bronstein, é de origem argentina. O lema: "Comemorar, testemunhar, reconhecer e reparar". A ação de fundação foi plantar cartazes em todos os lugares do país onde estavam localizadas as aldeias palestinas destruídas e organizar tours para judeus e árabes. As informações a respeito delas eram fornecidas pelos refugiados e suas famílias.

Como diz Edward Said: "Continuo pensando que não há solução militar para o conflito entre israelenses e árabes, e que a única esperança reside numa coexistência digna e leal".[3] Foi ele quem fundou, em1999, com Daniel Barenboim, a *West-East Divan Orchestra*, que reúne músicos palestinos e israelenses.

Mas, enquanto as potências internacionais tiverem outras intenções e interesses – que não uma paz digna –, a tarefa é titânica.

Referências

Avnery, U. (1954). "Les réfugiés arabes, obstacle a la paix en Palestine". *Le Monde.*

Kadman, N. (2015). *Erased from Space and Consciousness. Israel and the depopulated Palestinian Villages of 1948.* Indiana University Press.

Merza Bronstein, E. & Bronstein, E. (2018). Aparicio. *NAKBA - Pour la reconnaissance de la tragédie palestinienne en Israël.* Omniscience.

3 Idem, p. 10.

Said, Edward W. (1999). *Israel, Palestina - L'égalité ou rien*. La Fabrique, pp. 103-104.

Shenhav, Y. (2006). *The Arab Jews. A Postcolonial Reading of Nationalism, Religion and Ethnicity*. Standford University Press.

Wieviorka, A. (1998). *L'ére du témoin*. Plon.

46. A paz é perigosa

Thércio Andreatta Brasil

Paz substantivo feminino:

1. Relação entre pessoas que não estão em conflito; acordo, concórdia.
2. Relação tranquila entre cidadãos; ausência de problemas.

Partindo dessa definição comum, a ideia de paz é muito perigosa aos homens, pois pode levar a crer que o melhor seria viver sem conflitos, sem problemas, tranquilamente, em um mundo onde todos estejam de acordo em total comunhão. Isso, enquanto psicanalistas, parece-nos tão infantil, tão distante da realidade dos fatos e, sobretudo, tão distante da realidade psíquica (um dos eixos do 35° Congresso Fepal em 2024, além de fanatismos e intolerância).

A definição de paz descrita acima, segundo o dicionário Oxford, é sinônima de calmaria. Essa definição pode trazer consigo o ovo da serpente – que a paz seja buscada a qualquer preço, que ela sirva para fanatismos. Paz, calmaria, inércia, ilusão, denegação, silêncio, isolamento, doença, violência, submissão e mentira: pulsão de morte. Nesse caso, melhor seria promovermos o ideal da guerra: movimento, diplomacia, negociação, poesia, força, vigor, companheirismo, integração, ligação e saúde: pulsão de vida.

Segundo o poeta Paulo Leminski, onde há guerra, há festa. A poesia contemporânea, segundo ele, assume o caráter de trincheira de guerra. Leminski defende o fato de que a poesia resiste ao mundo mercadológico justamente por ser um objeto sem nenhuma utilidade prática; por isso, sua importância. Entrar em acordo com *status quo* é ceder ao conforto inerme de uma falsa estabilidade pacífica. Ainda mais para quem vive na América Latina.

Estamos e estivemos, ao menos desde a recente era colombiana, em guerra na América Latina. É famosa a cena de um documentário com o líder indígena Aílton Krenak onde o cinegrafista branco o mira sorrindo e aquele lhe contesta "não sei porque você está sorrindo, se estamos em guerra". Baudelaire já dizia: "o maior truque do diabo é persuadir você de que ele não existe", e assim se crê que vivemos em harmonia. E aqui podemos afirmar, com segurança, que por diabo entendemos sociedade capitalista, como dizia Ricardo Piglia, "La sociedad capitalista no es lo que ella dice que es. Cuando denuncia lo que se supone que funciona mal (la corrupción, el fraude, el delito político), está reforzando la idea de que se trata sólo de anomalías en una lógica que tiene la garantía de su propia autorregulación y de su visibilidad".[1] Àqueles que se beneficiam da ilusão da paz, restará o butim (direito dos vencedores de saquearem os vencidos). A manutenção da ilusão da paz põe mais em risco a alguém do que a consciência da necessidade de lutar. E assim as pessoas se dizem surpresas quando há uma revolta, um protesto, uma greve, um ataque de pânico, uma "depressão sem causa aparente". A perda da capacidade de comunicação, a falência do diálogo, é uma marca atual, apesar desse sintoma se encontrar na vida social desde os últimos cinquenta anos, como signo das políticas neoliberais.

Por isso, quando a diplomacia falha, ou seja, quando a manutenção da convivência nos conflitos não é conseguida, irrompe o fel da violência e da covardia. Nesse momento fracassa a guerra de ideias,

1 "A sociedade capitalista não é o que diz ser. Quando ela denuncia o que supostamente está errado (corrupção, fraude, crime político), está reforçando a ideia de que essas são apenas anomalias em uma lógica que tem a garantia de sua própria autorregulação e de sua própria visibilidade".

de palavras, rompe-se a pele imaginária. Todo o plano simbólico ameaça se desintegrar e o que resta é a carne viva do real. É quando o nó na garganta se torna forca. Desde esse ponto de vista, a manutenção do diálogo, a aceitação dos conflitos, a convivência em desacordo é fundamental para a sobrevivência e o crescimento – criatividade nas experiências com as diversidades e pluralidades. Isso é mais que a simples tolerância (tolerar a existência da diferença), é sequer não pensar que a diferença não poderia não ser aceita.

Pensando nisso, faz todo sentido a um povo indicar seus melhores representantes para a diplomacia (enviá-los à guerra), os representantes-palavra da nação. A elite de um povo são suas guerreiras e seus guerreiros. A manutenção da guerra no nível simbólico é condição para se viver. Dessa maneira, o investimento no estudo da filosofia e da poesia nas escolas básicas dá mais segurança à sobrevivência de um povo que pesados orçamentos militares (soldados todos uniformes – uma única forma). Nada lembra mais um governo fascista do que o fracasso diplomático, o fracasso político. Nada lembra mais uma tragédia psíquica que a psicose franca.

De modo que a psicanálise se encontra em uma trincheira nada fácil. É necessário resistir às pulsões puramente destrutivas, onde não só a violência, mas também o conformismo e a concórdia, por inércia, colocam em risco a capacidade de viver feliz, a capacidade de amar, a capacidade de ser criativo. Respeito mútuo é a chave; ouçamos o poeta Mano Brown:

> *"Um rolê com os aliados já me faz feliz,*
>
> *respeito mútuo é a chave é o que eu sempre quis.*
>
> *Procure a sua, a minha eu vou atrás,*
>
> *até mais, da fórmula mágica da paz".*

Feliz Ano Novo, saúde e amor para toda comunidade latino-americana.

47. Reflexões em busca de uma Paz atual

Iván Gutiérrez Cuadrado

Sou convidado a refletir sobre a Paz, que pode ser definida como um estado de equilíbrio e estabilidade; tranquilidade mental de uma pessoa ou da sociedade, ou também ausência de guerra ou violência. Considero problemática essa descrição dicotômica ou binária da presença ou ausência de guerra ou violência. Mas é claro que, a partir da contextualidade, posso tentar refletir sobre a Paz. E digo isso porque o contexto atual, como todos os momentos sócio-históricos, tem suas particularidades. Considerando apenas os movimentos que se sucedem em relação às ciências sociais, naturais e formais – em sua epistemologia e suas possibilidades de modificação –, merecem ser ilustrados e mencionados em sua especificidade. Com isso, quero dizer que as verdades do passado têm sua origem e seu ponto de produção que as tornam particulares, mas não mais universais.

Considero uma particularidade importante a tendência de deixar de posicionar tudo – conhecimentos, teorias, vida – em torno do ser humano (próprio desta era do Antropoceno/Capitaloceno (Díaz, 2021) e, obviamente, ocidental, colonial e patriarcal) e de voltar nosso olhar para o "outro". E com "outro" quero dizer outros sujeitos, outras sexualidades, aqueles com a presença de dispositivos tecnológicos (partes do corpo e construções com inteligência artificial – IA), que estabelecem relações de um tipo que requer a reflexão cuidadosa e imperativa sobre nossos parâmetros e nossas verdades, com a presença de seres sencientes não humanos que fazem parte das novas famílias, assim como alguns outros.

A presença das minorias como sujeitos de lei e de direito, longe da sutil homogeneização do multiculturalismo, com toda sua bagagem cultural posicionada como proposta de conhecimento e compreensão do outro mundo em que vivem e que apresentam como diferente, faz deste momento um momento particular. Desde as cosmogonias dos povos primitivos até a dissidência do corpo queer, a reflexão sobre a Paz tem que buscar um novo modo de ser pensado, já que o que ela deve abrigar é diferente e amplo.

E é aqui que penso em alguns conceitos que não são tão novos quanto outros que são realmente inovadores. Inicialmente, considero necessário pensar na solidariedade e na comunidade. Depois, pensar no bem-estar, onde surgem elementos inovadores como o consumo ecológico ou o consumo responsável, a descolonização e a terceiridade.

Parece-me que, se fôssemos dar voz à Paz neste momento, ela nos falaria de uma desejada compreensão da alteridade e da consideração da produção de elementos novos como um terceiro construído entre a ocidentalidade hegemônica e as cosmovisões das minorias, e acho que parte desse terceiro deve estar impregnado de um grande senso de comunidade e solidariedade, que o neoliberalismo e o capitalismo arrebataram dos grupos humanos. Mas recorro ao terceiro não porque estou considerando que todo o anterior estava errado e agora nós vamos acertar. Longe de ideias messiânicas ou atitudes puras, absolutas ou essencialistas. Acudo ao contexto e começo com o que temos. Esse passado imediato nos trouxe aqui, neste ponto específico. O terceiro seria, então, o que se constrói entre todos, levando em conta as particularidades do presente, onde a solidariedade na comunidade consciente permite o bem-estar de todos os que a ela pertencemos. Somos capazes de permitir que o outro também pertença?

Como elaborar nossa tendência destrutiva e nosso excesso narcísico – que não são necessariamente a mesma coisa –, e abrir espaço para a terceiridade ou a possibilidade de criar um terceiro benéfico para todos? Isso significaria que o bem-estar teria que ser de alguma forma padronizado. Rumo a qual bem-estar? Haverá alguma mulher que, em seu senso de bem-estar, prefira a burca a outras peças de vestuário? Porque de outros lugares, sim é possível que alguns sujeitos prefiram uma vida de produção artesanal e cotidiana à produção em massa, como é o caso de alguns habitantes da Costa do Pacífico da Colômbia que preferem que o "viche" – substância que usam como ritual e entretenimento, ancestral e com valor cultural – permaneça como tal, e que não pretendam receber investidores majoritários para estabelecer grandes empresas. Embora alguns o façam.

Então, eu me pergunto se estou falando sobre a gestão das pulsões e paixões. Modificar o consumo está relacionado ao anterior? Não estou pensando em ir contra o progresso tecnológico, mas em considerar o progresso junto com um consumo ecológico, descolonizado, justo para todos os seres e entidades intervenientes, conjunturais e presentes nas interações.

E eu enquanto pensava nisso, por acaso, me deparei com outro assunto: O trabalho do negativo, de André Green. Encontrei um artigo chamado "O trabalho do negativo" (2019), da analista colombiana Cecilia Muñoz, que se baseia em algumas obras e conceitos de André Green para pensar sobre a guerra, os acordos de paz na Colômbia em 2016 e os resultados do plebiscito acerca dos acordos de paz.[1] Já conhecemos o resultado. Os habitantes desta nação onde moro votaram "Não". A diferença entre "Sim" e "Não" foi de 53.908 votos (0,5%). Mais de 6 milhões de pessoas no país não quiseram a Paz. Alguns porque queriam vingança, outros porque queriam justiça à

1 O plebiscito trazia a pergunta: "Você apoia o acordo final para o término do conflito e a construção de uma paz estável e duradoura?"

sua maneira, outros porque não queriam perder os seus rendimentos, fruto da economia de guerra, e outros porque queriam outras condições. Tudo porque essas condições não eram convenientes. De acordo com Muñoz, há um uso massivo de negação, refutação e forclusão; porque "há um desaparecimento do eu sob o objeto nos processos de luto, melancolia e identificação..." (Muñoz, p. 57), porque a pulsão de morte, a desinvestidura, a desobjetificação e a aniquilação recaem sobre os sujeitos do encontro (perpetradores e subjugados) e se atua. Por isso, mesmo havendo uma Jurisdição Especial para a Paz (JEP) que buscava justiça, reparação e não repetição, não foi suficiente para querer a Paz.

Então, sim. Essa Paz que pode ser pensada agora deve ser diferente, quando possamos pensar em um terceiro onde essas diferenças ou alteridades confluam em uma possível tolerância. Como fusionar o negativo novamente?

E volto ao contexto. No início deste texto, aproveito o contextual para observar a particularidade do momento histórico atual, mas esqueço o momento histórico mais próximo, o do meu país. E pergunto se isso faz parte da lacuna entre as ciências, a psicanálise de consultório e os fatos sociais externos. É uma negação? Ou uma desmentida? Porque não estamos mais em guerra. Talvez a paz esteja por detrás da resolução do negativo que não pudemos observar como um potencial construtivo, mas apenas como ausência e destruição.

Referências

Araiza Díaz, Verónica. (2021). "Reinventar la naturaleza para hacernos cargo del Capitaloceno: la propuesta de Donna Haraway". *Andamias*, 18 (46), 413-441. Disponible en: https://revistas.unal.edu.co/index.ehp/jardin/article/view/76715/68927

Jurisdicción Especial para la Paz (JEP). Disponible en: https://www.jep.gov.co/ServicioAlCiudadano/Paginas/preguntas.

aspx#:~:text=La%20principal%20finalidad%20de%20la,proce-so%20judicial%20que %20se%20adelanta

Muñoz Vila, Cecilia. (2019). "El trabajo de lo negativo". *Desde el Jardín de Freud* 19: 57-66. Disponible en: https://revistas.unal.edu.co/index.ehp/jardin/article/view/76715/68927

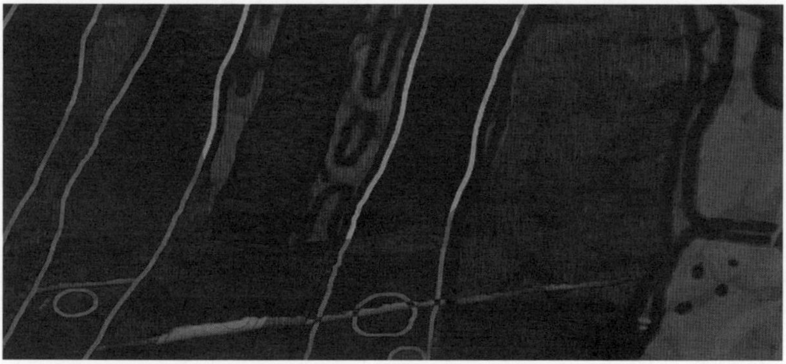

48. Faça amor, não guerra

Fernando Orduz

1.

Após as cenas de massacres, nos dias que se seguiram, o ambiente parecia ser regido pelo silêncio. Entre o cheiro fétido dos cadáveres, entre os escombros de prédios danificados, entre os fragmentos de seres e objetos mutilados, sente-se reinar o mutismo pacificador perpetrado por esse sentimento de medo e horror deixado pela ação de Belona, a antiga deusa da guerra que deixou seu nome (bélica) como sinal da capacidade destrutiva do ódio entre os homens.

Depois de perceberem os efeitos da ação destrutiva, os homens desejam antiteticamente a ação apaziguadora de um tempo de paz; o ditado "Depois da tempestade vem a calmaria" é certamente um reflexo dos anseios humanos, desejos de alentos de vida, acontecidos após as visões lacerantes dos carnavais da morte.

A paz parece ser o sonho almejado que emerge do cansaço dos corpos após a batalha. Nos efêmeros tempos em que reina a paz, estamos repletos de imagens e relatos do efeito devastador da guerra, tentando persuadir os espíritos sedentos a demonstrar sua ferocidade e fortaleza, que no início da civitas humana nem tudo era força homicida sobre o *frater*. Digo isso pensando em duas cenas de nossa cultura, o fratricídio de Caim e a imagem do filme *2001: Uma Odisseia no Espaço* (de Kubrick, baseado no livro de Arthur C. Clark), em que um hominídeo primata desfere um golpe fatal na cabeça do congênere vencido.

Parece que todas as narrativas de fundação de nossas culturas próximas estão cheias de histórias de guerra: a *Ilíada*, o *Cid Campeador*, nossas nascentes repúblicas americanas durante o século XVIII com suas guerras como sinal de independência. Não sei se adoramos a Revolução Francesa, e seus ecos libertários em vários espaços e tempos do nosso continente, pelo estabelecimento de um Estado de direito e de justiça social ou pela sede de histórias que nos mostrem o valente ardor das almas de nossos heróis da independência. Adoramos aqueles que portaram armas, mas sabemos menos sobre aqueles que instituíram as ordens legais que permitiram certos momentos de paz.

Será que no início era a guerra? Será que a paz é o sonho de um futuro ilusório em meio aos efeitos devastadores da guerra?

2.

Totem e Tabu, essa mitologia fundacional da cultura do ponto de vista psicanalítico, é uma história onde o parricídio é colocado na origem da ação civilizatória. Matar o pai todo-poderoso, incestuoso e tirânico é a base para estabelecer um pacto fraterno, onde ele seja lembrado e honrado por intermédio do totem. Entre outras coisas, paz e pacto têm uma raiz comum. Fazer a paz é fazer um pacto, o pacto de não agressão.

Nesse pacto, para continuar com o fio condutor do pensamento de Freud, sempre se abre mão de algo, sempre algo se perde. Na paz, ambos os lados perdem; na guerra, pelo menos um sai vitorioso. No pacto de paz há uma renúncia ao ímpeto da grandeza, aos desejos megalomaníacos do ego ou da etnia dominante. Renúncias que exigirão retornos em tempos posteriores.

Em relação ao texto freudiano, caberia uma reflexão adicional. Seria a ação bélica a consequência de uma posição fanática que pede a restauração da figura do pai único, como acontece nos credos religiosos monoteístas? Será que algo sobre o culto a um deus e a uma única verdade, que incide na constituição do fanatismo e da intolerância à diversidade, tem o efeito de destruir aquele outro que irradia lampejos de diferença? Será que uma visão de mundo baseada nessa ideia das múltiplas faces da verdade permitiria uma convivência mais pacífica entre grupos, povos ou vizinhos que possam aceitar a alteridade que o outro lhes reflete sem pretensões de extermínio?

Duvido tanto disso quanto da possibilidade de que o deus único e masculino decida descer do pedestal de onde se alimenta de sacrifícios humanos.

3.

O que me arrisco a destacar é que, diante do significante bélico em que os machos representam o vigor viril de sua existência, as fêmeas tiveram uma série de sortes sedutoras com as quais reverteram a produção massiva de homicídios que os bodes tendem a exibir.

Em *Lisístrata*, Aristófanes nos conta como as mulheres, cansadas da ausência de seus guerreiros, que pareciam mais excitados pelo sangue de outros homens do que pelo mel sexual de seus corpos, decidiram fazer uma greve de vaginas com o objetivo de trazer os machos belicosos à paz do lar. Enfastiadas com o fato de seus maridos e filhos continuarem na guerra, as mulheres se trancaram na acrópole controlando o tesouro de seu sexo (e o econômico), forçando assim os homens a deporem as armas para se renderem aos embates eróticos do amor.

Algo semelhante foi feito pelas mulheres sabinas, após seu sequestro pelos romanos. Anos depois, para vingar a afronta, os sabinos atacaram Roma e cercaram os sequestradores no capitólio. Antes da batalha final, as mulheres se interpuseram entre os dois lados e apresentaram-lhes a difícil situação que elas enfrentavam: se os sabinos vencessem, elas perderiam seus atuais maridos e filhos; se os romanos vencessem, elas perderiam seus pais e irmãos. Essas mulheres conseguiram fazer com que os dois reis, Tito e Rômulo, assinassem um pacto de paz, que durou até a morte do rei sabino.

Milênios depois, em 1967, em meio aos muitos ressurgimentos da estupidez da guerra, um movimento de jovens de todo tipo de gênero e cor, no centro do império ocidental, não mais em silêncio, mas incitados pela algazarra erótica da vida, entoaram em um melódico e vociferante verão do amor *All you need is love*, como uma resposta sedutora ao chamado letal da desoladora Belona. Uma erótica paz que, paulatinamente, morrerá nos braços de Tânatos.

CONVERSAÇÕES

49. Entrevista com Marcelo Viñar

Ximena Méndez

Marcelo Viñar, médico, psicanalista, membro Honorário da APU, ex-Presidente da Fepal e autor de vários artigos e livros.

Na cidade de Montevidéu, na região sul da América Latina, encontramos Marcelo Viñar e o convidamos a refletir sobre a paz.

Em tempos em que o outro é visto como inimigo, como podemos pensar em um outro que sustenta, um outro diferente com quem dialogar?

Marcelo propõe tratar o outro diferente como diferente, buscando o diálogo, para que, entre palavras, tudo aconteça sem que nada aconteça, uma diferença substancial com as explosões de violência que destroem tudo e todos, causando o colapso.

Nós, psicanalistas latino-americanos, estamos envolvidos em nossa história, desde a fundação dos novos povos, desde a conquista. Diante de um mundo que nos deixou impotentes frente às imagens da morte, do fanatismo, da intolerância e dos caprichos do poder, Marcelo nos convida a fazer entre palavras, e a continuar pensando a Psicanálise no terceiro milênio.

Assista ao vídeo no canal YouTube da Fepal:

50. Paz

Silvana Rea

Em 1932, talvez esperançoso com a recém instaurada Liga das Nações, Einstein pergunta a Freud (1933/2020) se existiria alguma forma de liberar a Humanidade da ameaça da guerra e conquistar uma paz duradoura.

Décadas antes, em 1913, Freud (1913/2012) afirmara que a vida em sociedade seria organizada a partir do assassinato do pai e da culpa decorrente deste ato, que garantiria a segurança e a manutenção do processo civilizatório através de um contrato social. A renúncia pulsional seria a origem da sociedade, de suas leis e a garantia do Estado civilizado.

Dois anos depois, na vigência da Primeira Guerra Mundial, Freud (1915/2020) passaria a desconfiar da eficácia da culpabilidade diante da força do conflito bélico, que desnuda a precariedade das normas morais coletivas e traz à tona a busca por satisfação inconteste. Neste contexto, o Estado funciona como o pai primevo, suspendendo os mecanismos institucionais que até então sustentavam a paz e incitando à barbárie em vez de interditá-la.

E se em 1921 Freud (1921/2011) afirmara que o desenvolvimento psíquico-cultural dos líderes seria um caminho para a paz, em 1933 ele responde a Einstein que a solução violenta de conflitos não desapareceria mesmo em uma coletividade desenvolvida, posto que os confrontos entre pulsão de vida e de morte deixam um resto que interfere nos registros psíquico e social, e que colocam em risco até a força da autoridade mantenedora da paz (atualmente a Organização das Nações Unidas).

Nesse sentido, qual seria a perspectiva de uma paz duradoura para a Humanidade?

Estas questões serão abordadas em "Testemunho" por Yolanda Gampel, Daniel Delouya e Shifa Haq. Também foram abordadas em outros números, por isso, aproveitamos para compartilhar alguns marcadores de leitura:

Calibán Margens vol. 13 (2)

Gladis Mabel Tripcevich. *Videla ou a liberdade em um ditador.*

Calibán O que não se sabe vol. 14 (2)

Edmundo Gómez Mango. *O terror político e a sessão analítica.*

Margareta Hargitay. *O espaço analítico como refúgio para a dupla analítica ante a violência urbana.*

Richard Reichbart. *Turbulências nos EUA: o efeito Trump.*

Calibán Intimidade vol. 15 (1)

Néstor Carlisky, Rubén Zukerfeld e outros. *Efeitos reparatórios dos julgamentos de terrorismo de Estado na Argentina.*

Calibán Mal vol. 15 (2)

Marcelo Vinar. *Terror político e exílio-desexílio (suas marcas subjetivas).*

Luis Campalans. *Notas sobre psicanálise e humanismo.*

Luis Campalans. *As mães da Praça de Maio: mais além do princípio do prazer.*

Calibán Poder vol. 16 (2)

Laura Verissimo. *É tempo agora de vozes entre vozes apoiadas.*

Calibán Feminix vol. 17 (1)

Claudia Andujar. *Fugindo da Segunda Guerra Mundial: da Hungria aos Yanomamis.*

Calibán Paixão vol. 17 (2)

Ezequiel Ipar. *Discursos de ódio e mercado da crueldade.*

Calibán O efêmero vol. 18 (2)

Vladimir Safatle. *Mais além da necropolítica.*

Camila Jourdan. 2020. *Distopia, necropolítica e revolta.*

Calibán Como faremos para viver juntos vol. 20 (1)

Heli Morales. *Violência a céu aberto: feminicídio e crueldade.*

Maurice Corcos. *Até onde vamos?*

Alberto C. Cabral. *O perdão e seus limites em uma época de transbordamentos.*

Referências

Freud, S. (1913/2012). "Totem e tabu". In *Obras completas.* Vol. 11. Companhia das letras.

Freud, S. (1915/2020). "Considerações contemporáneas sobre guerra e morte". In *O mal-estar na cultura e outros escritos.* Auténtica.

Freud, S. (1921/2011). "Psicologia das massas e análise do eu". In *Obras completas*. Vol. 15. Companhia das letras.

Freud, S. (1933/ 2020). "Por que a guerra". In *O mal-estar na cultura e outros escritos*. Autêntica.

William Kentridge, Head, 1991.

ANEXOS

EFEMÉRIDES

51. Efemérides em uma tentativa de ressignificação

Cecilia Moia

A tentativa de conjugar a história – concebida como ciência social – com a psicanálise – concebida como revolução copernicana – poderia resultar em uma conjunção incerta, forçada e até improdutiva. Se o dicionário define história como a "Disciplina que estuda, narra e expõe cronologicamente os acontecimentos passados", ou seja, em um tempo unidirecional do passado para o presente, me pergunto: o sujeito cria a história ou é criado por ela? Uso de forma ambígua a ideia do sujeito da psicanálise e do sujeito da *HISTÓRIA* (o uso de letras maiúsculas e negrito é intencional). Respondo na voz de Clarice Lispector (2016): "Vou criar o que me aconteceu" (p. 19).

Efeméride vem do grego, que significa diário, e do latim, que significa calendário. No entanto, de acordo com a RAE,[1] ela também define efemérides como aqueles eventos notáveis escritos para serem lembrados, em um determinado dia, e que respondem a uma sucessão cronológica de datas com seus respectivos eventos.

1 A RAE (Real Academia Espanhola) é uma academia fundada em Madri em 1714 que tem, entre outras funções, a tutela oficial da língua castelhana.

A partir dessas definições, conceber como psicanalistas uma seção chamada Efemérides seria apenas fazer *HISTÓRIA* (com letras maiúsculas), enquanto estaríamos falando apenas de sujeitos e fatos da "*HISTÓRIA*", ou melhor, de sujeitos e fatos sujeitos à "*HISTÓRIA*".

Junto com minhas colegas de equipe Carmen Maldonado e Lorena Polo, assumimos o desafio de pensar, de conceber as efemérides como aquele tempo não linear, aquela revolução temporal inventada por Freud, especialmente na noção de efeito retroativo (*nachtraglich*). É por isso que, por meio dos aniversários, propusemo-nos produzir conteúdo desde uma perspectiva política que levasse em conta os Direitos Humanos, a pluralidade e a inclusão, e tudo o que permitisse pensar-nos como parte de um coletivo social em um tempo histórico constituído por rupturas, mudanças e também continuidades. Também tentamos fazer isso repensando algumas datas-chave, recuperando novos dados.

Fomos historicizando – tentamos criar, à maneira de Lispector – o que aconteceu. Um dia, ouvi uma docente se perguntar: qual é a diferença entre comemorar e ensinar ciências sociais? Seu questionamento revelava uma tensão latente na hora de tomar decisões sobre o ensino de seus alunos: quanto tempo dedico ao ensino das efemérides e à organização das comemorações, e quanto tempo dedico ao ensino das ciências sociais? Devo ensinar todos os anos sobre a Revolução X? E sobre a Independência? Se eu não lecionar esses tópicos todos os anos, estarei cumprindo a programação curricular? Se eu não ensinar todos os anos sobre a conquista da América, em que anos devo fazê-lo? Posso organizar atividades comemorativas para apoiar o ensino do conteúdo prescrito?

Comemorações, aniversários, programação curricular, prescrições, todas expressões que obviamente marcam tensões quando se trata de exercer uma das profissões impossíveis: a de ensinar – como Freud havia advertido. A outra, a de psicanalisar, também comporta tensões não resolvidas; entre as muitas poderia citar: ensino e transmissão, os regulamentos e o singular e, por que não, um debate entre história e historicidade.

Por que criaríamos efemérides em um espaço como o de publicações? Apenas para fazer história? Foi isso que nos perguntou Adriana Pontelli, diretora de Publicações. Tudo começou muito antes de eu fazer parte desta equipe. Foi o dia em que percebi que, durante grande parte da minha infância, a conquista da América era comemorada a cada 12 de outubro, até 1992, quando o 5° centenário da conquista reacendeu o debate intelectual sobre o sentido e os frutos da mesma, um debate que não havia sido encerrado e que talvez nunca o seja. A conquista é uma das questões mais controversas da era moderna e, muitas vezes, tem sido motivo de constante atualização por parte dos hispano-americanos. No entanto, o que eu quero enfatizar é a mudança de nome na hora de mencionar essa efeméride e, mais particularmente, aquele 12 de outubro de 1992. Embora a data lembrasse "o mesmo" para certos setores, para outros, e à luz dos debates que foram revividos, notei que muitos meios de comunicação deixaram de "celebrar uma conquista" para começar a "comemorar um genocídio". Pensei imediatamente no poder produzido pela ressignificação dos fatos quando eles são historicizados e que, por efeito retroativo, se desvela que a mudança de nome contém – como em nosso trabalho como analistas e analisantes – que o passado não muda, mas sim a forma como ele é lido. Essa leitura nada mais faz do que evidenciar a desmemoria das instituições e a negação dos crimes perpetrados em nome da conquista. Historicizar e ressignificar produziu um desocultamento daquilo que foi mantido invisível por séculos.[2] É por isso que

---

2 Em alguns países, foi destacado o valor da imensa variedade de culturas que contribuíram para uma identidade latino-americana. Na *Argentina*, esse dia é chamado "*Dia do Respeito à Diversidade Cultural*". No *México*, desde 2019 foi renomeado "*Dia da Nação Pluricultural*", no *Equador* é comemorado como o "*Dia da Interculturalidade e Plurinacionalidade*". Na *Costa Rica* é o "*Dia das Culturas*" e no *Uruguai* o "*Dia da Diversidade Cultural*". Na *República Dominicana*, o "*Dia*

concordamos com Lacan, que diz que "a história não é o passado. A história é o passado historicizado no presente" (Lacan, 1954, p. 21).

Em um sentido mais estrito, a historicidade envolverá a interpretação da temporalidade, que é a característica de eventos que já aconteceram e que ocorrem no curso do tempo de eventos passados. Piera Aulagnier (1984) define historicização como um trabalho psíquico que precisa em "seu funcionamento estar situado e ancorado em uma história que substitua um tempo vivido-perdido pela versão que o sujeito adquire, graças à sua reconstrução das causas que o fizeram ser, que dão conta de seu presente e tornam um eventual futuro pensável e investível" (p. 15).

A partir das noções de historicidade, invisibilização e desmemória surgiu a seção *Vozes silenciadas*. Demos voz aos que são silenciados, excluídos, discriminados por causa de classe social, raça, credo, sexo, exílio, migração, idade e corpo.

---

da Identidade e da Diversidade Cultural" e também o "*Dia do Encontro entre Duas Culturas*". Outros países dão ênfase aos povos indígenas. Na *Venezuela* é o "*Dia da Resistência Indígena*" e na *Nicarágua* o "*Dia da Resistência Indígena, Negra e Popular*". Na *Bolívia* é o "*Dia da Descolonização*" e no *Peru* o "*Dia dos Povos Indígenas e do Diálogo Intercultural*". Nos *Estados Unidos*, é chamado "*Dia de Colombo*". Também a partir de 2021, o presidente Joe Biden proclamou o "*Dia Nacional dos Povos Indígenas*", para homenagear "nossa história diversificada e os povos indígenas que ajudam a moldar esta nação". Dá-se o nome de "*Dia do Encontro de Dois Mundos*" tanto no *Chile* quanto em *Cuba*, mas neste último país não se realiza nenhum tipo de evento; em vez disso, é comemorado o 10 de outubro pelo início da guerra de independência do país. Na *Guatemala* e no *Panamá*, assim como na Espanha, é celebrado o "*Día de la Hispanidad*". No *Paraguai*, na *Colômbia*, em *Honduras* e em *El Salvador* ainda se fala em "*Dia da Raça*". O *Brasil* não comemora a chegada de Colombo à América porque foi colonizado pela coroa portuguesa. Em 22 de abril de 1500, sob o comando de Pedro Álvares Cabral, as caravelas portuguesas chegaram pela primeira vez ao litoral do Brasil. Esse dia é chamado de "Dia do Descobrimento do Brasil". Atualmente, há vários grupos de ativistas indígenas que desconstroem o "descobrimento", para trazer à tona a história silenciada da invasão e do genocídio dos povos indígenas.

Assim nos pronunciamos quando inauguramos a seção:

> *Persiste em cada um de nós uma memória esquecida, singular e coletiva, que nos habita e nos torna parte daqueles que nos precederam. O fato de desconhecê-la não nos livra dessa genealogia. A linguagem carrega essas marcas do transindividual ou transgeracional. Nela, o pertencimento social e a singularidade das palavras que nos falaram estão entrelaçados.*
>
> *"Vozes silenciadas" será o nome desta seção onde trataremos dessa memória esquecida, que é produto do silenciamento. Será uma tentativa de desafiar o silêncio para dar voz àquelas vozes que foram, individual ou coletivamente, afetadas pelo trauma, pela cultura, pela discriminação, pela perseguição e até mesmo pela história da psicanálise. Sabemos que essas vozes subsistem na cultura, nas lendas, nos mitos. Trazê-las para o aqui e agora visa garantir que não desapareçam no esquecimento. Dessa forma, colocamos questões que fazem história na psicanálise, tentando recuperar as vozes de alguns, excluídos, exilados, migrantes e discriminados. Convidamos vocês a ouvi-las.*

À ideia de historicização e ressignificação acrescentamos a memória, elemento-chave de nossa prática psicanalítica. Partimos da ideia de uma "memória esquecida" como uma espécie de oximoro[3], por isso, quando carregamos o anúncio nas redes, acompanhamo-lo com outro oximoro, dessa vez com o tema musical "O som do silêncio"[4].

---

3 É uma figura de retórica em que se combinam duas palavras ou expressões de sentido oposto, na mesma estrutura sintática, criando um novo significado, como em "um silêncio estrondoso".

4 "The sound of silence" é uma canção popularizada pela dupla americana Simon & Garfunkel, escrita em 19 de fevereiro de 1964 por Paul Simon, após o assassinato

O par memória-esquecimento está presente na obra de Freud do começo ao fim. Da amnésia – resultante da conversão histérica – até 1936 em "Um distúrbio de memória na Acrópole" (sofrida pelo próprio Freud e dedicada a seu amigo Romain Rolland), seria vasto acompanhar o conteúdo que esse par representou. Apenas uma citação; na seção III do artigo "Batem numa criança", (1919/2012) Freud é contundente: "A rigor – e por que não tomar isso com o máximo rigor? – deve ser visto como psicanálise correta apenas o trabalho analítico que logra remover a amnésia que esconde ao adulto o conhecimento de sua vida infantil desde o início (...)" (p. 181).

Lacan, por sua vez, afirma que a restituição do passado sempre esteve na vanguarda das preocupações de Freud ao longo de sua obra, e que o alvo para o qual apontam os caminhos da técnica é, precisamente, essa restituição do passado.

Seguindo essa ideia do trinômio memória-esquecimento-trauma, Colette Soler (2009), seguindo o caminho aberto por Freud, propõe uma extensão do trauma sexual para o que ela chama de traumas da civilização que, hoje mais do que nunca, são potencializados com os acontecimentos da época. Ela diz: "Existem dois tipos de traumatizados. Estão os sujeitos que, como traumatizados de origem, esqueceram-se, e é a análise que talvez permita reconstruir, trazer algo de volta; mas são justamente aqueles traumatizados pela guerra, pelos acidentes ferroviários etc., que se caracterizam, como dizia Freud, pelo esquecimento impossível" (p. 53).

Esse esquecimento impossível, por vezes soterrado, censurado, sempre retorna, nas vozes silenciadas, naqueles que tentamos dar-lhes a palavra ou nos poetas, que estão sempre um passo à nossa frente. E a respeito de passos, María Elena Walsh, escritora argentina, escreveu na década de 1960 um poema sugestivo intitulado "No país

---

de John F. Kennedy.

do Não me lembro".[5] Assim dizem os versos deste canto de um tempo pretérito, mais vigente do que nunca.

No país de eu não me lembro

Dou três passinhos e me perco

Um passinho ali, não lembro se o dei

Um passinho ali, ai, que medo me dá

No país de eu não me lembro

Dou três passinhos e me perco

Um passinho para trás e não dou mais nenhum

Porque já esqueci onde coloquei meu outro pé

No país de eu não me lembro

Dou três passinhos e me perco

Hoje, quando a grande maioria dos latino-americanos tenta ver onde colocar um pé e onde colocará o outro, a partir da psicanálise continuaremos a assumir que historicidade e memória nascem da mesma preocupação e compartilham o mesmo objeto: a elaboração do passado.

---

5 "En el país del no me acuerdo" foi uma das canções usadas no filme argentino "La Historia Oficial" – o primeiro longa-metragem latino-americano a ganhar um Oscar –, cujo enredo foi criado por Aída Bortnik e que expõe o roubo de crianças e bebês durante a última ditadura cívico-militar na Argentina. Gabi, a menina protagonista do filme, canta essa música.

Referências

Aulagnier, P. (1984). *El aprendiz de historiador y el maestro brujo. Del discurso identificante al discurso delirante.* Amorrortu.

Freud, S. (1919 / 2012). "Pegan a un niño". In *Obras completas.* Vol. XVII. Amorrortu.

Lacan, J. (1953-1954/ 1981). "Los escritos técnicos de Freud". In *El seminario 1*. Paidós.

Lispector, C. (2016). *La pasión según G. H.* Siruela.

Soler, C. (2009). *De un Trauma al Otro.* Asociación Foro del Campo Lacaniano. Recuperado de https://www.aacademica.org/000-072/734.pdf

ENTREVISTAS E PODCASTS: VOZES DA FEPAL

52. Tomar a voz na construção da Psicanálise Latino-americana

Ximena Méndez

"A vida não é a que você viveu, mas a que você lembra e como se lembra dela para contá-la"

G. García Márquez

A história da Fepal, como todas as histórias, encontra-se em constante reescrita, entrelaçado de gerações, línguas em interação, e também dialetos. Em seus mais de 40 anos, percorremos caminhos transumantes, por diferentes latitudes e enunciados com vozes diversas. Vozes em concordância, mas também em discrepância, tolerâncias necessárias que contribuem para a construção de um coletivo plural. Sinal e símbolo da mestiçagem latino-americana que nos caracteriza.

A partir da equipe de Publicações e Comunicação, procuramos abrir espaços com propostas multitemáticas, que nos permitam, da forma mais ampla possível, transmitir e divulgar a psicanálise latino-americana de forma transversal, plural e aberta.

As entrevistas e os podcasts realizados traçam uma jornada, pode-se dizer analítica, das marcas no trabalho dos psicanalistas nos diferentes âmbitos em que nos movemos e participamos. Desenvolvemos ciclos de entrevistas em Conexão Fepal de modo sequencial e geramos cortes disruptivos com os podcasts quinzenais. Percorremos os diferentes cenários em que a impossível ofício do psicanalista tenta fornecer alguma enunciação, deixar pelo menos um ponto, bem como a via de abertura para outros sentidos possíveis das questões do sujeito e da cultura. Na clínica, mas também na comunidade, no encontro com outros. O outro que deixa uma marca e nos transforma. Nesse caso, poderíamos dizer que procuramos abrir espaço para aqueles que tomaram a palavra, aqueles que se manifestaram e entrelaçaram pelo menos algum ponto do pensamento psicanalítico latino-americano contemporâneo.

Calibán 10 anos

"Calibán – Revista Latino-americana de Psicanálise implica tanto um gesto de invenção quanto um gesto que honra a tradição da Revista Latino-americana"

M. Horenstein

Iniciamos o projeto de entrevistas celebrando os 10 anos da revista Calibán. Assim, em breves e ricas reuniões com seus três editores-chefes – Mariano Horenstein, Raya Zonana e, fechando este primeiro ciclo, com a atual editora-chefe Carolina García – percorremos a pré-história, a história e o futuro de Calibán.

Calibán propõe que cada analista escreva em sua língua materna, gerando assim um diálogo entre diferentes sociedades, países e idiomas. Uma revista que mostra o pensamento psicanalítico latino-americano como um movimento antropofágico, que implica em tomar o conhecimento, de onde quer que ele provenha, para transformá-lo. Mistura, miscigenação que surge do encontro com o diverso no multicultural, próprio da América Latina, com seus povos originários, indígenas, negros e escravos que chegaram da África, que fundaram o movimento antropofágico nascido no Brasil.

Cuidando dos padrões de qualidade do design e da arte, daquele Calibán balbuciante que resiste à língua do amo, construiu-se um modo de pensar a psicanálise latino-americana que atravessou o Fepal, promovendo uma leitura em tensão. Mariano diz: "pensamos no futuro a partir de uma aposta desejante (...) que se completa com a intervenção do leitor e deixa a ponta solta que permite novas construções possíveis". Raya acrescentará o valor do trabalho em equipe, como uma "tocha que é mantida acesa pelo trabalho de um coletivo, porque nada em Calibán é feito sozinho; ele é mantido em movimento e transformado".

Calibán tenta mostrar o melhor do nosso pensamento em movimento. Carolina nos diz: "a psicanálise é uma operação de leitura em transferência, com textos, com o saber que suscite prazer, bem como em transferência com outras disciplinas; hibridização entre texto e imagem que promove uma psicanálise em chave latino-americana em sua própria língua".

Diremos que Calibán é tão bela quanto inquietante, testemunha e tocha da transformação da psicanálise latino-americana. É um gesto com consequências que cria seus leitores, porque temos testemunhado que ler, intervir e ser marcado por Calibán não é isento de efeitos.

Em Língua Viva: Fepal Hoje

Neste ciclo, temos realizado entrevistas com os integrantes do Conselho Diretor da Fepal, abordando temas que foram destacados na gestão do período. Tentamos tecer o que entendemos serem os pontos centrais da psicanálise latino-americana. Fomos contornando umas questões: qual é o interesse em fazer parte de uma instituição psicanalítica latino-americana nesses tempos? Com quais características e possibilidades se habita e se participa nela?

Na primeira entrevista, Wania Cidade apresenta os pontos nodais da gestão, fala de Psicanálise democrática e de abrir possibilidades de mudança, de assumir um lugar institucional político e participativo. Ela disse: "Vivemos em um mundo desigual e falamos de pensar em equidade; precisamos gerar medidas para criar equilíbrios, para que, levando em conta a diversidade, as pessoas possam ter acesso".

Em um mundo onde a violência está aumentando, vemos os resquícios do colonialismo – que deixou uma América Latina empobrecida e desigual –, bem como os espinhos do fascismo, que transparecem nos discursos de ódio. Penso em "El incario y la conquista",[1] apresentado em 1948 por O. Guayasamín, no qual ele mostra a dominação, a exploração e a miséria que, talvez sob outras roupagens, continuamos padecendo na América Latina hoje.

Para Marina Massi, "o caráter científico da psicanálise está ligado a questões sociais como democracia, racismo, intolerância (...) e os psicanalistas podemos estar mais próximos, não apenas da população e das comunidades mais desfavorecidas, mas também dos diferentes grupos de opinião, dialogando com eles".

Falamos sobre o diálogo entre psicanálise e os direitos humanos, e perguntamo-nos, com Diana Zac: "como nós, psicanalistas, vemos os cenários atuais na comunidade? Nosso objetivo é influenciar as políticas públicas que estão sendo desenvolvidas na comunidade". Sendo assim, precisamos assumir diretrizes políticas institucionais com um posicionamento diante do mal-estar na cultura do nosso tempo.

Por sua vez, Zoila Ortiz nos traz uma trama entre filosofia e psicanálise, hibridez que amplia e tensiona os efeitos observados no trabalho com crianças e adolescentes. Ela disse: "Vemos a redução da experiência humana à lógica do mercado e como isso afeta na criação, bem como nas funções materna e paterna".

---

1 "El incario y la conquista" é um mural do artista equatoriano Oswaldo Guayasamín, que se encontra no Palácio Benjamín Carrión, Quito.

María Pía Costa nos convida a refletir a partir do institucional no Conselho Profissional e a construção de um espaço onde possamos pensar nos psicanalistas e na psicanálise. Quem somos? Quais são as dificuldades que enfrentamos atualmente?

Todos esses temas foram apresentados em cada uma das entrevistas, e cada diretoria foi desenvolvendo-os desde um posicionamento institucional, político e profundamente latino-americano.

Reflexões sobre a Paz

Em um número especial, em tempos conturbados por várias guerras no mundo, convidamos Marcelo Viñar para refletir sobre a paz. Segundo ele, "os psicanalistas latino-americanos estão envolvidos em sua história desde suas origens, os povos originários e as inequidades, proclives a surtos de violência", na América Latina, o continente mais desigual e com pobreza crescente.

Hoje, questões públicas e sociais permeiam e atravessam o ambiente psicanalítico em diferentes níveis, tanto políticos quanto institucionais. Por essa razão, como conciliar a neutralidade e a abstinência quando as situações sociais atravessam o divã e o consultório? Marcelo nos convida a "evitar a distração cortês", e levanta uma questão: como é a psicanálise do terceiro milênio? Esse é um assunto "que se coloca como desafio".

Diván Podcasts

Esta é a segunda temporada do projeto que, dando continuidade ao que foi iniciado na gestão anterior, se propõe a dar voz às diferentes visões e realidades vividas em nossa América Latina.

Em que nós, psicanalistas latino-americanos, estamos trabalhando hoje? Quais são os desafios que enfrentamos no escritório e na comunidade? Que produções surgiram em nossos ambientes? Que problemáticas resistem e insistem em nossas sociedades?

Em um caminho com uma espécie de intermitência, entre as diferentes áreas do continente, bem como os interesses das diferentes sociedades componentes da Fepal, e buscando um entrelaçamento de gênero, regiões, sociedades, gerações de analistas e analistas em formação, procuramos acomodar uma ampla e diversificada pluralidade de ideias e experiências de colegas, que remetem à psicanálise contemporânea.

Tecendo um texto diverso, no qual colegas das mais variadas origens se apresentam e fazem uso da palavra, conhecemos alguns dos projetos e temas em que os psicanalistas atuam, por exemplo: rostos das masculinidades, psicossomática, Lúdica, Cracolândia, o trabalho com crianças e adolescentes, o projeto Semillar, os traços de um caminho de amplitude multicultural, de mãos dadas com o ILAP. Hibridez necessária no entrelaçado com outras disciplinas, como literatura, ciências sociais e arte.

Conversamos sobre os seguintes temas:

- A institucionalidade e a importância da participação na construção do pensamento psicanalítico latino-americano.
- O racismo. Sonia Beatriz dos Santos diz: "basta pensar nele ou pronunciá-lo já gera conflito, e as instituições psicanalíticas não estão fora disso". Iván Gutiérrez traz a ideia de que "preconceitos racistas que são silenciados interferem na nossa escuta", e que os efeitos de colocar palavras, discutir, debater e gerar ações políticas institucionais podem modificá-lo. Assim, ouvimos falar de projetos de bolsas de estudo e de ações que procuram reverter as iniquidades existentes.
- Migração e povos originários. María del Carmen Cayupán nos fala da necessidade de "uma postura ética na psicanálise

latino-americana, onde a mestiçagem nos predispõe a ouvir o outro a partir de uma posição de desconhecimento e abertura".

- Ética, violência, fanatismo e intolerância. Perguntamo-nos com Javier García Castiñeiras: "O que nos leva a momentos de maior fanatismo e intolerância? Quais são os efeitos no campo simbólico da extensão da violência, bem como da resposta violenta à violência?".

Assim, nesse tear que vá sendo montado, sustentado pela voz, enquanto corpo, cada convidado fala em sua própria língua e, pouco a pouco, vamos realizando um intercâmbio, no qual se entrelaçam as diversas vozes que fazem e compõem a mestiçagem da psicanálise propriamente latino-americana da Fepal.

Para concluir, direi que só podemos ser contemporâneos de nosso próprio tempo, temos que tomar as linhas que nossos pioneiros traçaram e, ao mesmo tempo, devemos traí-las em algum ponto para continuar movendo o pensamento analítico.

A história está sendo constantemente reescrita, ressignificada e inscrita na escuta psicanalítica de nossa América Latina, e hoje cabe às gerações que a escrevem, tomar a voz. Nas palavras de Gilberto Koolhaas, "Encare-se com sua palavra, estamos ansiosos por ouvi-la" (1976, p. 165-166); e eu acrescento: caberá aos que vierem no futuro sustentá-la em movimento de transformação e, portanto, reescrevê-la.

Referências

Horenstein, M. (2012). "Invenção da Tradição". In: *Revista Calibán*. Vol. 10 (1).

Koolhaas, G. (1976). "Carta ao Editor". In: *Revista Uruguaia de Psicanálise*.

García Márquez, G. (2002). *Vivir para contarla*. Barcelona: Diana.

Sobre os autores

Adriana Pontelli

Licenciada em Letras Clássicas. Licenciada em Psicologia. Mestre em Psicologia Clínica. Psicanalista. Membro titular da Associação Psicanalítica de Córdoba (APC). Coordenadora Científica da APC (2020 - 2022). Editora da revista Calibán. Diretora de Publicações da FEPAL (2022 - 2024).

Alberto César Cabral

Membro em função didática da Associação Psicanalítica Argentina (APA). Ex-Diretor do Instituto de Psicanálise de APA. Autor de "Cuestiones en Psicoanálisis" (Letra Viva, 2000), "Lacan y el debate sobre la cotratransferencia" (Letra Viva, 2009) e "El perdón y sus límites" (Teseo, 2020). Coautor de vários livros, entre eles "Nuevos desarrollos en Transferencia y Contratransferencia" (APA-Lugar Editorial, 2022).

Alicia Ángeles Ramírez

Analista em formação da Sociedade Peruana de Psicanálise (SPP). Membro da Equipe de Publicações da Fepal.

Alicia Briseño

Psicanalista Didata pela Sociedade Psicanalítica do México (SPM). Coordenadora Substituta de Comunidade e Cultura da Fepal (2022-2024) e Editora pela Região Norte de Calibán.

Ana Valeska Maia Magalhães

Psicanalista da Sociedade Psicanalítica de Fortaleza (SPFOR).

Andrés Gautier Hirsch

Doutor em Psicologia pela Universidade de Zurique (Suíça), Psicoterapeuta e Psicanalista. Graduado pelo Instituto Latino-americano de Psicanálise (ILAP). Membro direto da IPA. Membro do grupo de analistas que colaboram com as tarefas de formação e divulgação do ILAP Responsável pela área socioterapêutica do Instituto de Terapia e Investigação sobre as sequelas da tortura e da violência de Estado (ITEI) na Bolívia. Longa experiência psicanalítica em consultório particular, em prisões (na Suíça e na Bolívia) e em intervenções em comunidades indígenas e situações de crise (na Bolívia). Membro do Comitê Executivo da Sociedade Boliviana de Ciências Forenses.

Bernardo Tanis

Psicanalista. Membro efetivo e ex-presidente da Sociedade Brasileira de Psicanálise de São Paulo (SBPSP) (2017-2020). Ex-Diretor de Comunidade e Cultura da Fepal. Editor da Revista Brasileira de Psicanálise. Autor entre outros livros de "Memorial y Temporalidad sobre lo infantil en psicoanálisis", organizador de "Roussillon en América Latina" e coautor com Magda Khouri de "Psicoanálisis en las tramas de la ciudad".

Camila Chaves

Escritora, autora de contos diversos, entre os quais "Boneca Russa", publicado na nona edição da Granta em Língua Portuguesa. Psicanalista em formação pelo Corpo Freudiano Escola de Psicanálise – Seção Fortaleza e estudante no Doutorado em Comunicação da Universidade Federal do Ceará.

Carolina García Maggi

Psicanalista de crianças e adolescentes. Membro associado da Associação Psicanalítica do Uruguai (APU). Editor-chefe da Revista Latino-americana de Psicanálise, Calibán.

Cecilia Moia

Psicanalista. Membro da Associação Psicanalítica Argentina (APA). Membro da Equipe de Publicações da Fepal (2022-2024).

Cláudia Carneiro

Psicanalista, membra associada da Sociedade de Psicanálise de Brasília (SPBsb) e professora do Instituto de Psicanálise Virgínia Leone Bicudo da SPBsb. Formada em jornalismo e psicologia; mestre e doutoranda em Psicologia Clínia e Cultura pela Universidade de Brasília (UnB). Foi fundadora e editora do Jornal Associação Livre (SPBsb). Atualmente é editora da seção Cidades Invisíveis da Revista Calibán.

Diana Zac

Psicanalista, Membro da Associação Psicanalítica de Buenos Aires (APdeBA), Diretora de Comunidade e Cultura da Fepal. Segundo Prêmio nos Campos Humanitários do IPA (2023).

Facundo Boccardi

Dedica-se à pesquisa, ao ensino e à intervenção no campo dos estudos de gênero e sexualidades. A partir de sua prática de pesquisa, abordou a formação docente em ESI (Programa Nacional de Educação Sexual Integral) a partir de uma perspectiva sociossemiótica. É doutor em Semiótica (CEA-FCS-UNC), licenciado e professor em Literatura Moderna (FFyH-UNC) e licenciado em Comunicação Social (FCC-UNC). Leciona seminários de graduação e pós-graduação sobre gênero, sexualidades e teorias feministas.

Fernando Orduz

Psicanalista. Membro da Sociedade Colombiana de Psicanálise (SOCOLPSI). Mestre em Comunicação e Cultura (Universidad Javeriana). Ex-Presidente da SOCOLPSI (2012-2014). Ex-Presidente da Fepal (2014-2016).

Gabriela Levy

Psicanalista. Membro da Associação Psicanalítica do Uruguai (APU). Editora de Calibán – Revista Latino-americana de Psicanálise.

Graciela Cardó Soria

Psicanalista. Presidente da Sociedade Peruana de Psicanálise. Co-Chair para a América Latina do Comitê IPA sobre Mulheres e Psicanálise – COWAP

Isabel Mansione

Psicanalista, Membro da Associação Psicanalítica de Buenos Aires (APdeBA), Secretária do Grupo de Estudos Psicanalistas na Comunidade. Segundo Prêmio em Campos Humanitários da IPA (2023).

Iván Gutiérrez Cuadrado

Médico Psiquiatra e Psicanalista, membro titular da Sociedade Colombiana de Psicanálise (SOCOLPSI), membro do Subcomitê de Gênero da Associação Colombiana de Psiquiatria, membro da Direção de Comunidade e Cultura da Fepal, membro do IPA. Coordenador de seminários no Instituto de Psicanálise da SOCOLPSI e autor de alguns artigos publicados na Revista da Sociedade Colombiana de Psicanálise e em Calibán.

José Galeano

Psicanalista. Membro da Associação Psicanalítica de Assunção (APdeA). Membro da Equipe de Coordenação Científica da Fepal 2022-2024. Membro de enlace do COWAP.

Julio Casillas Ledesma

Médico. Psicanalista didata. Ex-diretor do Instituto de Psicanálise da Associação Psicanalítica Mexicana (APM). Atual presidente da APM.

Luciana Almada

Ativista lésbica e feminista pró-sexo. Trabalha como pesquisador*, professor* e assistente na Universidade Nacional de Córdoba e como assessor* em projetos para organizações sociais, como a Red para o reconhecimento do trabalho sexual. Licenciada em Comunicação Social, doutorand* em Estudos de Gênero e quase Especialist* em Memórias Coletivas, Direitos Humanos e Resistências. Dispers* para pesquisar, interessa-se pelas comunidades sexuais marginalizadas, a história recente, os arquivos e estudos sobre/do trabalho.

María Cristina Fulco

Psicanalista. Membro da Associação Psicanalítica do Uruguai (APU). Coordenadora Científica Suplente da Fepal.

María del Carmen Cayupán

Médica formada pela UBA. Psicanalista. Membro da APA, Fepal, APSA e IPA. Membro da Equipe da Diretoria Comunidade e Cultura da Fepal sob a direção de Diana Zac e Alicia Briseno. Prêmio Fepal 2022 pelo trabalho "Crises sociais e neutralidades, o problema do negacionismo".

María Luisa Silva

Psicanalista Didata da Sociedade Peruana de Psicanálise (SPP).

Mariana Pombo

Psicanalista e professora do curso de Psicologia e da pós-graduação em Psicologia da Universidade Federal Rural do Rio de Janeiro. Doutora em Teoria Psicanalítica pela UFRJ, com sanduíche na Université Paris Diderot. Autora de "A diferença sexual em mutação: subversões queer e psicanalíticas" (Calligraphie, 2021).

Mariano Horenstein

Psicanalista. Representante para a América Latina no Board de IPA. Ex-editor-chefe de Calibán-RLP. Membro do grupo de pesquisa "Geografias da Psicanálise". Autor dos livros: "Psicoanálisis en lengua menor"; "Brújula y diván. El psicoanálisis y su necesaria extranjería"; "Funambulistas. Travesía adolescente y riesgo" e "Conversaciones de diván".

Mónica Santolalla

Psicanalista, membro titular da Associação Psicanalítica de Córdoba (APC) e atual presidente. Especialista IPA em Psicanálise com Crianças e Adolescentes. Professora titular do Instituto de Formação da Associação Psicanalítica de Córdoba. Coordenadora de Infância e Adolescência da Fepal para o período 2016/2018.

Natalia Mirza Labraga

Psicanalista da Associação Psicanalítica do Uruguai (APU). Atual Diretora Científica da APU (período 2023-2024). Professora do Mestrado do Instituto de Formação da APU (IUPP). Ex-membro do Comitê Executivo da Revista Calibán (Federação Psicanalítica de América Latina – Fepal).

Natalia Mudarra

Psicóloga clínica e Psicanalista da Associação Panamenha de Psicanálise (APAP). Membro Titular de Psicólogos Sem Fronteiras. Voluntária e treinadora em várias fundações.

Paola Amendoeira

Psicóloga e Psicanalista. Membro da IPA, da Fepal e da FEBRAPSI. É co-Chair do Subcomitê IPA junto às Nações Unidas e membro do IPA's Steering Comittee. Psicanalista da Sociedade de Psicanálise de Brasília (SPBsb) e membro docente do Instituto Virgínia Leone Bicudo da SPBsb. Editora do Jornal Associação Livre editado pela SPBsb e membro componente da Comissão de Estudos Psicanalíticos sobre Racismo e Práticas Antirracistas da Federação Brasileira de Psicanálise (FEBRAPSI).

Patrícia Alkolombre

PhD. Psicanalista. Membro titular da Associação Psicanalítica Argentina (APA) e Presidente do Comitê de Mulheres e Psicanálise da IPA (COWAP).

Patrícia Bohrer Pereira Leite

Psicanalista, Membro da Sociedade Brasileira de Psicanálise de São Paulo (SBPSP), Mestre em Psicologia Clínica e Psicopatologia (Universidade Paris V) e Especialista em Técnica de Saúde Mental (Universidade Paris XIII).

Renato Noguera – Escritor. Doutor em Filosofia (Universidade Federal do Rio de Janeiro). Professor da Universidade Federal Rural do Rio de Janeiro (UFRRJ). Membro do Laboratório de Estudos Afro-Brasileiros e Indígenas da UFRRJ.

Samantha Nigri

Psicanalista. Membro associado da Sociedade Brasileira de Psicanálise do Rio de Janeiro (SBPRJ). Integrante do colegiado de coordenação do Programa de Rádio Perguntar e Pensar, parceria da SBPRJ com a Rádio MEC/Brasil. Editora da seção Bitácula de Calibán RLP.

Sérgio Lewkowicz

Membro Efetivo e Analista Didático da Sociedade Psicanalítica de Porto Alegre (SPPA). Foi Presidente e Diretor do Instituto de Psicanálise, onde ministrou regularmente seminários. Foi Coordenador Científico da Fepal (Federação Psicanalítica da América Latina) e do XXX Congresso Latino-Americano de Psicanálise realizado em Buenos Aires em 2014. Foi membro do Comitê de Publicações da IPA (2001-2009). Foi representante da América Latina no Conselho da IPA (2015-2019). É professor e supervisor do curso de Psicoterapia psicanalítica do Departamento de Psiquiatria da UFRGS (Universidade Federal do Rio Grande do Sul). É membro da Comissão de Estudos de Gênero e Diversidade Sexual de IPA. Atual Presidente Suplente da Fepal.

Silvana Rea

Psicanalista. Membro da Sociedade Brasileira de Psicanálise de São Paulo (SBPSP).

Sônia Beatriz dos Santos

Analista em formação do Instituto de Formação Psicanalítica da Sociedade Brasileira de Psicanálise do Rio de Janeiro (SBPRJ). Antropóloga, professora associada da Faculdade de Educação/Universidade do Estado do Rio de Janeiro (UERJ).

Thércio Andreatta Brasil

Médico Psiquiatra e Psicanalista. Presidente da Organização de Candidatos da América Latina (OCAL). Membro do Instituto da Sociedade Brasileira de Psicanálise de Porto Alegre (SBPdePA). Professor Pós-Graduação Teoria Psicanalítica URI-RS (Universidade Regional Integrada).

Wania Maria Coelho Ferreira Cidade

Psicanalista, membro efetivo e ex-presidente da Sociedade Brasileira de Psicanálise de Rio de Janeiro (SBPRJ), foi diretora de Comunidade e Cultura da Federação Brasileira de Psicanálise (FEBRAPSI) (2020-2022), onde criou a Comissão de Psicanálise, Racismo e Práticas Antirracistas para promover ações de inclusão de caráter antirracista nas sociedades brasileiras de psicanálise. É coordenadora da Comissão de Estudos Críticos sobre Relações Raciais, Descolonização do Pensamento e Racismo, na SBPRJ, e a atual presidente da Fepal (Federação Psicanalítica da América Latina, biênio 2022-2024).

Ximena Méndez

Licenciada em Psicologia. Psicanalista, membro associado da Associação Psicanalítica do Uruguai (APU). Membro da Comissão Científica da APU. Membro da Equipe de Publicações da Fepal.